Katharina Herwig

Der Umgang mit *Reichsbürgern* im öffentlichen Dienst in Bayern

Kontaktpunkte, Probleme und Handlungslücken

Bibliografische Information der Deutschen Nationalbibliothek:

Die Deutsche Nationalbibliothek verzeichnet diese Publikation in der Deutschen Nationalbibliografie; detaillierte bibliografische Daten sind im Internet über http://dnb.d-nb.de abrufbar.

Impressum:

Copyright © Studylab 2018

Ein Imprint der Open Publishing GmbH, München

Druck und Bindung: Books on Demand GmbH, Norderstedt, Germany

Coverbild: Open Publishing GmbH | Freepik.com | Flaticon.com | ei8htz

Inhaltsverzeichnis

Abkürzungsverzeichnis

AG	Amtsgericht
BfV	Bundesamt für Verfassungsschutz
BIGE	Bayerische Informationsstelle gegen Extremismus
BJR	Bayerischer Jugendring
BKA	Bundeskriminalamt
BT	Deutscher Bundestag
BVA	Bundesverwaltungsamt
DG	Dienstgruppe
DGL	Dienstgruppenleiter/-in
DPHW	Deutsche Polizei Hilfswerk
HLKO	Haager Landkriegsordnung
KriPo	Kriminalpolizei
KRR	Kommissarische Reichsregierung
LaPo	Landespolizei
LfV	Bayerisches Landesamt für Verfassungsschutz
MISSA	Ministerium für Inneres und Sport des Landes Sachsen-Anhalt
OK	Organisierte Kriminalität
PI	Polizeiinspektion
PKS	Polizeiliche Kriminalstatistik
PP	Polizeipräsidium
PR	Polizeirevier
ProPK	Polizeiliche Kriminalprävention der Länder und des Bundes
STMI	Bayerisches Staatsministerium des Innern, für Bau und Verkehr
StMI	Bayerisches Staatsministerium des Innern und für Integration
VwVfG	Verwaltungsverfahrensgesetz

Abbildungsverzeichnis

Tabellenverzeichnis

1 Zielsetzung und Relevanz der Arbeit[1]

> „Das Bonner Grundgesetz ist unverändert in Kraft. Eine deutsche Reichsverfassung, eine kommissarische Reichsregierung oder ein kommissarisches Reichsgericht existieren ebenso wenig, wie die Erde eine Scheibe ist." (AG Duisburg, 26.01.2016, Az. 46 K 361/04)

Dieses Zitat ist häufig in Artikeln oder Texten über *Reichsbürger*[2] zu finden. Ihre eigenen Überzeugungen, dass unter anderem die Bundesrepublik Deutschland nicht als Staat anerkannt wird, sind in den letzten Jahren immer wieder in der Medienberichterstattung anzutreffen. Schlagzeilen machten die Mitglieder des *Reichsbürger*-Milieus schließlich im Jahr 2016: „Polizist nach Schießerei mit ‚Reichsbürger' gestorben" (dpa 2016). Während einer Hausdurchsuchung in Georgensgmünd kam es zu einer Schießerei, bei der ein Polizist tödlich verletzt wurde. Auch in Sachsen-Anhalt kam es zu einer Schießerei, wobei drei Personen verletzt wurden. Bereits 2012 gab es die ersten Informationen zu Übergriffen von *Reichsbürgern*. Ein Gerichtsvollzieher wurde von dem Deutschen Polizei Hilfswerk[3] (DPHW) der *Reichsbürger* festgenommen und war im Anschluss für eine längere Zeit dienstunfähig aufgrund psychischer Probleme. Zudem bedrohten *Reichsbürger* Gerichtsvollzieher und deren Familien, weshalb bereits polizeiliche Schutzmaßnahmen in Anspruch genommen werden mussten. Erst im April 2018 fanden „Razzien gegen ‚Reichsbürger' in mehreren Städten" (dpa 2018) statt (vgl. dpa 2016; Müller/Metzer 2017; Pany 2017).

Doch nicht nur die gewalttätigen Auseinandersetzungen mit *Reichsbürgern* sind problematisch. Verwaltung und Justiz müssen immer wieder aktiv werden und sind verärgert, dass ihnen *Reichsbürger* wegen Kleinigkeiten ein großes Maß an Arbeit bescheren. Beispiel ist unter anderen ein Mann, welcher in einem Supermarkt keine Mehrwertsteuern zahlen wollte. Er zahlte nur den Betrag abzüglich Steuern und wurde deshalb zu einer Geldstrafe verurteilt (vgl. Schumacher 2016: 6, Suhr 2018). *Reichsbürger* sind ein bundesweites Thema. Bekannte Personen wie Xavier Naidoo scheinen in Kontakt zu *Reichsbürgern* zu stehen, weshalb sich

---

[1] Aus datenschutzrechtlichen Gründen wurde der Anhang gekürzt und die zugehörigen Verweise aus dem Fließtext entfernt.

[2] Aus Gründen der besseren Lesbarkeit wird in der vorliegenden Masterarbeit auf eine Differenzierung der Geschlechter verzichtet und die gewohnte männliche Sprachform verwendet. Entsprechende Begriffe gelten jedoch für alle Geschlechter.

[3] Nach derzeitigem Stand Auflösung im Juli 2013. Nähere Infos: http://dphw-de.blogspot.de/

die nationale Berichterstattung verstärkte. Öffentliches Auftreten bei den sogenannten „Montagsdemonstrationen" (Wilking 2015: 7) der *Reichsbürger* verschafft zusätzliche Aufmerksamkeit. Sie werden vom Verfassungsschutz beobachtet und seit 2016 sind *Reichsbürger* und *Selbstverwalter* im Verfassungsschutzbericht aufgelistet. Beide weisen laut Verfassungsschutz ein hohes Gewaltpotential auf. Seit 2017 werden Straftaten der *Reichsbürger* separat erfasst. Im genannten Jahr wurden insgesamt 358 Straftaten erfasst, davon 114 Nötigungsdelikte, 66 Gewaltdelikte wie Erpressungen, vier Körperverletzungsdelikte und 292 sonstige Delikte (vgl. Pany 2017; StMI 2018: 173 ff.; Wilking 2015: 7 f.)

Ende 2017 konnte eine Gesamtzahl von 16500 Personen festgestellt werden, die zu den *Reichsbürgern* oder *Selbstverwaltern* gezählt werden können. Ende März 2018 erhöhte sich die Zahl auf 18000. Darunter sollen 950 Personen rechtsextreme Einstellungen aufweisen. Der Anstieg um 1500 Personen liegt in einer erhöhten Aufdeckung seitens der Sicherheitsbehörden begründet. Bei den Zahlen handelt es sich um den jeweiligen Stand der Aufklärung und gibt nicht die gesamte Anzahl an *Reichsbürgern* und *Selbstverwaltern* wieder. In Bayern beläuft sich die Anzahl an *Reichsbürgern* und *Selbstverwaltern* im Januar 2018 auf ca. 3850 Personen. Die Mehrheit der Angehörigen dieses Milieus sind 50 Jahre oder älter. Bis Ende 2017 wurden von rund 750 *Reichsbürgern* und *Selbstverwaltern* ca. 450 Personen ihre Waffenerlaubnisse entzogen. Trotzdem verfügen noch mehr als 1000 *Reichsbürger* und *Selbstverwalter* über Waffenerlaubnisse (vgl. BfV 2018; BIGE 2017; Keil 2015: 44 f.; Schattauer 2018; StMI 2018: 170 ff.).

Das Interesse an Waffen zeigt sich auch im Versuch, Sturmgewehre im Ausland zu erwerben. Auch scheinen sich manche *Reichsbürger* stärker zu organisieren. Weiter hat offenbar eine Gruppierung in Ostdeutschland das Ziel, eine eigene Armee aufzubauen. Aktivitäten, die für einen solchen Plan sprechen, wurden von den dortigen Verfassungsschutzämtern registriert. Diese neuen Bestrebungen zeigen, dass durchaus Potential für eine stärkere Strukturierung vorhanden ist (vgl. Müller/Meltzer 2017; Schattauer 2018).

Das Ziel dieser Arbeit ist die Darstellung des derzeitigen Umgangs und die Kontakte mit *Reichsbürgern* seitens der Mitarbeiter des öffentlichen Dienstes. Bestehende oder vorangegangene Probleme sowie Handlungslücken sollen dabei offengelegt und mit der existierenden Literatur und medialen Berichterstattungen abgeglichen werden. Des Weiteren wird die Entwicklung von Verbesserungsvorschlägen angestrebt. Diese Arbeit soll als Grundlage für Forschungsarbeiten dienen, einen deskriptiven Beitrag leisten und zu weiterer Forschung anregen.

Zu Beginn werden Begrifflichkeiten wie *Reichsbürger* und *Selbstverwalter* definiert und weiter abgegrenzt. Danach findet sich eine Erläuterung der Ideologie und der Argumentationen der *Reichsbürger*, gefolgt von der Thematisierung von Extremismus bei *Reichsbürgern*. Kapitel 5 umfasst die Berührungspunkte der *Reichsbürger* mit dem öffentlichen Dienst. Im Anschluss daran folgt die Beschreibung der angewandten Methode und der Durchführung der Interviews. Kapitel 7 beinhaltet die Auswertung, welche insbesondere die erarbeiteten Kategorien darstellt und erläutert. In Kapitel 8 werden die Aussagen aus den Medien und der Literatur mit den Aussagen der Interviewten verglichen, wobei nur die für die jeweiligen Aspekte relevanten Informationen beachtet werden. Das Fazit fasst nochmals alle Ergebnisse dieser Arbeit zusammen und gibt einen Ausblick für weitere Forschung in diesem Themengebiet.

2 Definitionen und Abgrenzungen

Da viele verschiedene Definitionen und Verständnisse von sogenannten *Reichs-bürgern* oder ähnlich denkenden Personen existieren, erfolgt zunächst eine Eingrenzung der Begrifflichkeiten. Im Zuge dieser Eingrenzung werden auch die Einstellungen und Argumentationen der *Reichsbürger* erläutert. Es wird sich auf eine Auswahl beschränkt.

Betrachtet man die *Reichsbürger*, lassen sich vier Oberkategorien ausmachen. Da sind die „traditionellen nationalistisch geprägten ‚Reichsbürger'" (Keil 2015: 39), die *Selbstverwalter*, Personen mit erfundenen Bezeichnungen wie König und die „unternehmerisch orientierte[n, K.H.] Milieumanager" (ebd.). In den folgenden Unterkapiteln werden die vier Kategorien näher erläutert.

2.1 *Reichsbürger* und *Selbstverwalter*

Das Augenmerk dieser Arbeit liegt auf den *Reichsbürgern* und den *Selbstverwaltern*[4]. Es existieren viele verschiedene Gruppierungen, welche den *Reichsbürgern* oder *Selbstverwaltern* zugeordnet werden können wie die sogenannten *Germaniten*. Die einzelnen Gruppierungen werden im Weiteren nicht vertiefend betrachtet, da dies zu weit führen würde. *Reichsbürger* sprechen der Bundesrepublik Deutschland ihren Status als Staat ab und erkennen das deutsche Rechtssystem nicht an. Dabei bedienen sie sich unterschiedlicher Argumentationsweisen, nehmen dabei aber oft Bezug auf das Deutsche Reich. *Reichsbürger* treten einzeln oder in Gruppen auf. Die Anzahl der *reichsideologischen* Gruppierungen steigt immer weiter an, was unter anderem darin begründet liegt, dass innerhalb der bestehenden Gruppen Differenzen entstehen, welche zu einer Aufsplittung führen (vgl. BJR 2014: 28; Frigelj 2015; Holdenried 2016; Hüllen/Homburg/Krüger 2015: 13 f.; LfV; StMI 2018: 174; STMI 2017a: 181 ff.; STMI 2017b; Wilking 2015a: 176).

Reichsbürger, *Selbstverwalter* und *Germaniten* lehnen die Rechtsnormen der BRD ab. Es gibt einige unter den Gruppierungen, die Verstöße gegen die Rechtsnormen in Kauf nehmen. Der Großteil verhält sich jedoch rechtskonform. In diesem Zusammenhang kann das Territorialprinzip erwähnt werden. Dieses beschreibt,

---

[4] Im Folgenden wird nur der Begriff der *Reichsbürger* verwendet. Jedoch werden bei den weiteren Ausführungen und der Untersuchung auch Personen mitinbegriffen, welche dem Typus der *Selbstverwalter* zugeschrieben werden.

„[...] welches Recht auf welche Person wann und an welchem Ort anwendbar ist" (Müller/Rebler 2017: 26). Im Allgemeinen unterliegen alle Personen, welche sich innerhalb der Staatsgrenzen der BRD bewegen, den Regeln und Normen der BRD. Nach Meinung der *Reichsbürger* trifft dieses Prinzip nicht auf sie zu, da sie zum einen die BRD nicht anerkennen und zum anderen die derzeitigen Grenzen der BRD für sie als nichtig betrachten. Die *Selbstverwalter* umgehen nach ihrer Meinung dieses Prinzip, indem sie sich ihr eigenes Territorium schaffen, sich von der BRD lossagen und somit in ihrem eigenen Staat mit ihren eigenen Regeln leben (vgl. BIGE 2017; Müller/Rebler 2017: 25 f.).

Selbstverwalter agieren zumeist als Einzelpersonen. Sie erklären ihre Wohnungen oder ihre Grundstücke als „souveränes Staatsgebiet" (STMI 2017a: 181), erstellen eigene Staatssymbole und erklären ihren Austritt aus der BRD. Ihre Argumentation entspricht in großen Teilen der der *Reichsbürger*. Viele *Selbstverwalter* markieren ihre Grundstücke mit einer Grenzlinie und erstellen sogenannte Lebenderklärungen[5]. Primäres Ziel der *Selbstverwalter* ist jedoch der Austritt aus der BRD und nicht deren Existenzleugnung. Sie wollen dem staatlichen Einfluss entkommen und nur nach ihren eigenen Regeln und Vorstellungen leben (vgl. BfV 2017a; Caspar/Neubauer 2015: 118 ff.; Hüllen/Homburg/Krüger 2015: 13 f.; LfV; Schumacher 2016: 46 ff.; StMI 2018: 171; STMI 2017a: 181 ff.; STMI 2017b).

Die Zahl der zum *Reichsbürger*-Milieu gehörigen Personen kann nur geschätzt werden. Für Bayern liegt für Ende 2017 ein Schätzwert von „rund 3850 Menschen" (StMI 2018: 173) vor, welche Deutschland den Status als Staat absprechen bzw. aus diesem angeblich ausgetreten sind. Von diesen 3850 Personen sind circa 270 im Besitz einer Waffenerlaubnis. Nach Angaben des bayerischen Verfassungsschutzberichts 2017 wurden gegen alle Widerrufsverfahren eingeleitet und in circa 160 Fällen „[...] erging ein Widerrufsbescheid" (StMI 2018: 180). Innerhalb des *Reichsbürger*-Milieus sind circa 170 Erlaubnisse[6] entzogen worden. Über 600

---

[5]   Mit den Lebenderklärungen beziehen sich die *Reichsbürger* auf den *Cestui Que Vie Act* aus dem 17. Jahrhundert in England und Wales. Dort war festgelegt, dass Personen, die sieben Jahre lang kein Lebenszeichen von sich gaben, als tot erklärt werden konnten und somit der Besitz derjenigen weiter verpachtet oder vererbt werden konnte. Die *Reichsbürger* legen dies so aus, dass der Staat die eigenen Besitztümer so lang verwaltet bis eine Lebenderklärung vorliege. (nähere Infos: https://prometheusmalta.wordpress.com/eine-seite/ oder auch: https://archiv.reichsdatenbank.de/lebenderklaerungen/).

[6]   Die größere Anzahl entzogener Erlaubnissen im Vergleich zur Anzahl von Waffenerlaubnisbesitzern kommt dadurch zustande, dass eine Person mehrere Erlaubnisse für unterschiedli-

Waffen wurden von *Reichsbürgern* bei den zuständigen Behörden abgegeben. Das Überlassen der Waffen an Berechtigte, also Personen mit entsprechender Waffenerlaubnis, war möglich. Ein Widerrufsverfahren bzgl. einer Waffenerlaubnis kann nur dann eingeleitet werden, wenn die Zugehörigkeit zum *Reichsbürger*-Milieu sicher ist. Unabhängig von der Frage des Waffenbesitzes wird in circa 1900 Fällen die Zugehörigkeit zum *Reichsbürger*-Milieu überprüft (vgl. BIGE 2017; StMI 2018: 173 ff.; STMI 2017a: 183; STMI 2017b; Zuber 2017).

Neue Mitglieder für *reichsideologische* Gruppierungen werden meistens durch Seminare oder „Stammtisch-Treffen" (StMI 2018: 177) angeworben. Insbesondere Menschen in finanziellen Notlagen wird der Wegfall von Steuerabgaben eingeredet. Weiter wird versucht, alle Teilnehmer für die Überzeugungen der *Reichsbürger* zu begeistern. Eine wichtige Einstellung ist die Unzufriedenheit mit dem deutschen Staat bzw. seinem Handeln, was als Argument für den Austritt aus der BRD dient. Auch die Esoterikszene[7] wird als ergiebige Quelle für neue Mitglieder genutzt. Anhänger der Esoterikszene suchen nach einem optimalen individuellen Lebensentwurf, welcher durch den Austausch mit anderen Esoterikern immer wieder angepasst wird. Dieser Anpassungsprozess wird von den *Reichsbürgern* genutzt, um ihre eigenen Einstellungen vorzutragen und die Personen der Esoterikszene davon zu überzeugen. Die Offenheit für neue Gedankenströme in dieser Szene fördert den Wechsel in das *Reichsbürger*-Milieu. Anhänger der Esoterikszene neigen dazu, ihre eigenen Einstellungen nicht kritisch zu hinterfragen und folgen auch Ansichten, die mit der Realität nicht kompatibel sind. Oftmals sind potentielle Mitglieder des *Reichsbürger*-Milieus in der Gesellschaft nicht straffällig geworden. Erst eine subjektiv empfundene Ungerechtigkeit führt dazu, dass sie auffällig werden. Beispiele, die eine solche Gefühlslage auslösen können, sind un-

---

che Waffen besitzen kann. Eine grüne Waffenbesitzkarte ist beispielsweise für mehrschüssige Kurzwaffen und eine gelbe für Langwaffen oder Einzellader (nähere Infos: http://www.alle-schuetzenvereine.de/waffenbesitzkarte/).

7   Esoterik ist die „Lehre nur für Eingeweihte" (Rademacher 2009: 16) und die Anhänger dieser Szene werden durch das öffentliche Auftreten zu einer Art Gruppierung. Sie tauschen sich über ihre Überzeugungen und Einstellungen aus und passen so ihre individuellen Ansichten der bestmöglichen Option an. Anders als bei der Institution Kirche existieren in der Esoterik-Szene die unterschiedlichsten Überzeugungen und Gedankengänge, welche das eigene Leben angenehmer gestalten. Wer sich in der modernen Zeit überfordert fühlt, sucht sich seine eigenen Erklärungen, um besser damit umgehen zu können. Diese Erklärungen müssen dabei nicht mit der Realität übereinstimmen oder in Einklang gebracht werden. Einzig und allein zählt die geistige Freiheit und die damit einhergehenden individuellen Lebensentwürfe (vgl. Rademacher 2009: 16 ff.).

ter anderen zu zahlende Abgaben, Verlust des Führerscheins oder Zwangsvollstreckungen. Das Empfinden subjektiv ungerecht behandelt zu werden führt dazu, dass sie auf Kriegsfuß mit den Behörden und der Justiz stehen und sich querulatorisch verhalten. Auch der Staat an sich wird dabei gern als Ursache der eigenen Probleme gesehen. Jedoch können auch wirtschaftliche oder politische Gründe ausschlaggebend für eine Hinwendung zur *Reichsbürger*-Ideologie sein (vgl. BIGE 2017; Frigelj 2015; Hüllen/Homburg/Krüger 2015: 36; Keil 2015: 84; Rademacher 2009: 16 ff.; Schumacher 2016: 8; StMI 2018: 177 f.; STMI 2017b).

2.2 Fantasieämter und *Milieumanager*

Unter *Reichsbürgern* ist das Bekleiden eines Amtes bzw. vieler Ämter und das Tragen eines Titels ein Zeichen für Ansehen. Folglich gibt es eine Vielzahl an selbst ernannten Fürsten, Monarchen, „Reichskanzlern" und ähnlichem unter den *Reichsbürgern*, welche mit ihren Titeln nicht existente hoheitliche Befugnisse suggerieren. Auch ein „König von Deutschland" (Schumacher 2016: 47) konnte bereits unter den *Reichsbürgern* verzeichnet werden. Es wird versucht, die eigenen Probleme mit einem möglichst hohen Amt zu überlagern. Da die hohen Ämter pro Regierung nur einmal vergeben werden können, spalten sich immer wieder Gruppierungen ab. So können wieder Personen Ämter wie unter anderem die des Reichskanzlers übernehmen (vgl. BT 2018: 13 f.; Keil 2015: 39 ff.; Schumacher 2016: 47).

Die sogenannten *Milieumanager* nutzen die Ideologie der *Reichsbürger*, um für sich finanzielle Vorteile herauszuschlagen. Sie bieten Ausweise, Dokumente oder andere *reichsideologische* Waren an, welche für entsprechend hohe Summen erworben werden können. Das Angebot der *Milieumanager* umfasst auch Seminare, Beratungen in Steuer- oder Rechtsfragen sowie das Erstellen von Internetauftritten. Für ein 5-stündiges Seminar[8] von Peter Frühwald[9] werden beispielsweise 117 Euro verlangt. Peter Fitzek, welcher als „König von Deutschland" bekannt ist, gründete illegal eine eigene Krankenversicherung und eine eigene Bank. Laut ei-

---

[8] Siehe: Nihilistible (2014): *Reichsbürger* stellen sich vor. Zdf info. [YouTube] URL: https://www.youtube.com/watch?v=r1mTYv7HPTs, 35:50 min. bis 36:45 min.

[9] Peter Frühwald ist ein *Selbstverwalter*, welcher bereits ein eigenes Buch („Mythos Reichsbürger – Der Betrug an der Öffentlichkeit") herausgebracht hat. Er gibt Seminare und verwaltet eine eigene Homepage (http://www.selbstverwaltung-deutschland.de/).

nem Artikel des *mdr*[10] haben mehr als 350 Menschen rund zwei Millionen Euro eingezahlt, wovon Fitzek über die Hälfte für eigene Zwecke genutzt haben soll. Das Landgericht Halle verurteilte Peter Fitzek wegen schwerer Untreue zu fast vier Jahren Haft (vgl. BfV 2017a; BT 2018: 3 f.; dpa 2017; Hüllen/Homburg/Krüger 2015: 28; Keil 2015: 39 ff.; STMI 2017b).

---

[10] Siehe: Prozess gegen „König von Deutschland". Staatsanwaltschaft fordert vier Jahre Haft für Fitzek. URL: https://www.mdr.de/sachsen-anhalt/dessau/plaedoyer-urteil-peter-fitzek-untreue-100.html. Abruf am 27.02.2018.

3 Ideologie und Argumentation der *Reichsbürger*

Begründer der *reichsideologischen* Bewegung ist Wolfgang Gerhard Günter Ebel. Der selbsternannte „Reichskanzler" gründete in den 1980er Jahren „[...] die erste ‚Kommissarische Reichsregierung' (KRR)" (Rathje 2015). Mangelnde Souveränität und eine fehlende Verfassung waren mitunter Gründe dafür, dass Ebel die BRD als illegal abtat. Folglich müsse man auch keine Steuern und dergleichen an die BRD entrichten. Er organisierte den Vertrieb von eigenen Pässen und Führerscheinen und gab Seminare, die in der Qualifikation von „reichsrechtlichen Rechtssachverständigen" (Schumacher 2016: 3) mündeten. Aufgrund einer psychischen Erkrankung konnte Ebel für rechtswidrige Taten nicht belangt werden, da er als schuldunfähig galt. Eine Staatsanwaltschaft erklärte, seine Tätigkeiten in Bezug zu der KRR seien Resultat seiner Erkrankung. Im Verlauf der folgenden Jahre entstanden immer weitere KRRs, welche sich teilweise in ihren Ansichten unterscheiden. Einige grenzen sich von dem angeblichen Auftrag der Alliierten ab wie die „Exilregierung Deutsches Reich". Diese KRR vertritt antisemitische oder extremistische Einstellungen und stellt eine der „[...] größten bundesweiten politischen Vereinigung im ‚Reichsbürger'-Milieu [...]" (Hüllen/Homburg/Krüger 2015: 26) dar. Ein weiteres bekanntes Beispiel für antisemitische Einstellungen bei *Reichsbürgern* ist Horst Mahler mit seiner „Reichsbürgerbewegung". Mahler leugnet den Holocaust und erhielt dafür bereits eine Haftstrafe. Die Anzahl der existierenden KRRs ist nicht einschätzbar. Viele *reichsideologische* Gruppierungen nutzen das Internet für Propagandazwecke und die Verbreitung ihrer Ansichten. Gerade soziale Netzwerke wie YouTube werden intensiv für eigene Werbezwecke genutzt. Auch auf eigenen Homepages stellen *Reichsbürger* diverse Informationen zur Verfügung (vgl. BT 2018: 3; Hüllen/Homburg/Krüger 2015: 17 ff.; Keil 2015: 46; Rathje 2015; Schumacher 2016: 1 ff.).

Laut der Argumentation der *Reichsbürger* existiert die BRD nicht als Staat. Ein Teil von ihnen ist davon überzeugt, dass heute noch das Deutsche Reich fortbestehe und die BRD nur ein zwischenzeitiger Verwaltungsapparat sei. Andere meinen, das Deutsche Reich hätte nie aufgehört zu existieren. Die *Reichsbürger* widersprechen sich bzgl. des Definitionszeitpunktes des Deutschen Reiches. Genannte Zeitpunkte sind 1937, 1914 und 1871. Diese *reichsideologische* Haltung, dass das Deutsche Reich wiedererrichtet oder wieder aktiviert werden soll, fällt unter den sogenannten Revisionismus. Hinzu kommt die Forderung, dass die Grenzen gemäß der damaligen Situation geändert werden sollen. Dies ist eine spezielle Form des Revisionismus, der Gebietsrevisionismus, wobei auch geschichtsrevisionistische Aspekte der *Reichsbürger*-Ideologie zugeordnet werden können. Unterstützende Argumente für die Behauptung der Nichtexistenz der BRD sind zum einen, dass die bestehende Verfassung ungültig sei. Zum anderen wird dem Grundgesetz seine Geltung abgesprochen. Die *Haager Landkriegsordnung (HLKO[11])* wird anstelle des Grundgesetzes als ein Vertrag angesehen, welcher noch Geltung habe. Es wird außer Acht gelassen, dass das Grundgesetz die Eigenschaften einer Verfassung innehat und nur einen anderen Namen trägt. Diese Abweichung in Form einer anderen Bezeichnung der Verfassung ist in der politischen Situation Deutschlands zu jener Zeit zu begründen. Die Ost-Zone sollte sich nicht noch weiter von den West-Zonen absondern und eine Wiedervereinigung unmöglich machen. Aus diesem Grund sollte ein Provisorium geschaffen werden, welches den Alltag Westdeutschlands regelt bis sich durch den Zusammenschluss Ost- und Westdeutschlands wieder ein gesamtdeutscher Staat gebildet hat. Es wurde für die sogenannte *Rittersturzkonferenz* im Jahr 1948 Koblenz als Tagungsort bestimmt, um zunächst die französische Zone als Bestandteil der westalliierten Zone zu betonen. Nach langer und intensiver Diskussion der *Frankfurter Dokumente* kamen die teilnehmenden Ministerpräsidenten zu dem Schluss, dass es ein Grundgesetz und keine Verfassung geben soll, da letztere einen Vollstaat voraussetze, der derzeit nicht bestehe. Das Hinzufügen einer Präambel zum Grundgesetz sollte den provisorischen Charakter unterstützen, welcher sich durch die Vereinigung von Ost- und Westdeutschland auflösen würde. Trotz dieser terminologischen Veränderungen entstand eine Verfassung in Form des Grundgesetzes und die BRD stellte einen Staat dar. Auch die angeblich fehlende „direkte demokratische Legitimation" (Walinda/Schulze 2016) des Grundgesetzes wird zur Unterstützung der *reichsideologischen* Auffassung genutzt. Eine solche Legitimation muss jedoch nicht gegeben sein. Der Auftrag kam von Seiten der Staatsgewalt, den Alliierten. Demokratisch gewählte Landtagsdelegierte übernahmen im Parlamentarischen Rat die Aufgabe, eine Verfassung, die letztlich anders benannt wurde, auszuarbeiten, wie bereits oben erläutert. Somit kann von einer indirekten Legitimation gesprochen werden. Eine weitere Argumentation der *Reichsbürger* ist die Behauptung, dass das Grundgesetz nicht gültig sei, da ein Geltungsbereich feh-

---

11 Siehe: https://beck-online.beck.de/?vpath=bibdata%2Fges%2FAlHLKO%2Fcont%2FAlHLKO%2Einh%2Ehtm

le. Dieser Irrgedanke wurde durch die Aufhebung des Art. 23 GG[12] im Jahr 1990 ausgelöst, da nach Auffassung der *Reichsbürger* die Herausnahme des Geltungsbereiches mit dem kompletten Außerkrafttreten des Grundgesetzes gleichzusetzen sei. Dass eine Verfassung keinen bestimmten Geltungsbereich benötigt, wird außer Acht gelassen. Abgesehen davon ist dieser in der Präambel und im Titel vermerkt. Zusätzlich kann das Grundgesetz nicht abgesetzt werden, was die sogenannte „Ewigkeitsklausel"[13] sichert. *Reichsbürger* sind überzeugt, dass sich Deutschland seit dem ersten Weltkrieg im Kriegszustand befände und kein Friedensvertrag mit den Alliierten bestünde. Es bleibt dabei unbeachtet, dass es separate Friedenserklärungen zwischen den jeweiligen Alliierten und Deutschland gibt (u.a. „Deutschlandvertrag") und zudem der 2+4-Vertrag im Jahr 1990 nochmal den Frieden zwischen allen Parteien mit Deutschland gesammelt bestätigt. Dieser Vertrag widerlegt auch die These der *Reichsbürger*, Deutschland sei kein souveräner Staat. Zudem sind sie der Meinung, die BRD sei eine GmbH. In dieser Hinsicht berufen sich *Reichsbürger* auf das *Reichs- und Staatsangehörigkeitsgesetz* (RuStAG) von 1913. Sie beantragen häufig einen Staatsangehörigkeitsausweis, damit sie nach ihrer Auffassung nicht weiter staatenlos seien. Doch das Auffinden der BRD in Firmenverzeichnissen bedeutet nicht, dass es sich um eine Firma handelt. Der Staat wirkt, wie auch Unternehmen, im Wirtschaftssektor mit. Die BRD ist Eigentümer der Firma „Bundesrepublik Deutschland – Finanzagentur GmbH" und daher findet man die BRD in solchen Registern (vgl. BT 2018: 3; Caspar/Neubauer 2015: 102 ff.; Hüllen/Homburg/Krüger 2015: 20 ff.; Krämer 2008: 4 ff.; LfV; Prinz 2014: 31 ff.; Rathje 2015; Schulze 2015: 198; Schumacher 2016: 1 ff.; StMI 2018: 171 ff.; STMI 2017a: 183; Walinda/Schulze 2016).

Betrachtet man die allgemeine Vorgehensweise der *Reichsbürger* fällt auf, dass des Öfteren Ungereimtheiten aufzufinden sind. Es werden willkürlich verschiedene Texte zusammengebracht und von einer Recherche in den Originalen zumeist ganz abgesehen. Bei der Erstellung eigener Schriftstücke wie sog. Lebenderklä-

---

[12] Art. 23 GG gültig v. Mai 1949 bis September 1990: [1] Dieses Grundgesetz gilt zunächst im Gebiete der Länder Baden, Bayern, Bremen, Groß-Berlin, Hamburg, Hessen, Niedersachsen, Nordrhein-Westfalen, Rheinland-Pfalz, Schleswig-Holstein, Württemberg-Baden und Württemberg-Hohenzollern. [2] In anderen Teilen Deutschlands ist es nach deren Beitritt in Kraft zu setzen. (siehe http://lexetius.com/GG/23,2).

[13] Art. 79 (3) GG: Eine Änderung dieses Grundgesetzes, durch welche die Gliederung des Bundes in Länder, die grundsätzliche Mitwirkung der Länder bei der Gesetzgebung oder die in den Artikeln 1 und 20 niedergelegten Grundsätze berührt werden, ist unzulässig.

rungen und dem Anfügen von Quellen, die die eigene Haltung belegen, wird alles gekürzt, was nicht mit der Argumentation der *Reichsbürger* übereinstimmt und dieser schadet. Sie verändern Zitate bekannter Personen oder schreiben zu bestimmten Personen ein passendes Zitat. Auch logische Schlussfolgerungen sind bei *Reichsbürgern* eher schwierig in der Umsetzung. Im einen Moment beteuern sie die fehlende Existenz der BRD und ihrer Rechtsorgane und im nächsten Moment soll der Staat für etwaige Kosten aufkommen und Leistungen sichern, die jedoch nach Auffassung der *Reichsbürger* keine Gesetzesgrundlage haben. Ein Beispiel ist die Steuerpflicht. Daniel Prinz schreibt dazu in seinem Buch, dass keine gesetzliche Steuerpflicht bestünde, welche im GG verankert sei. Das ist korrekt, aber es gibt das Einkommensteuergesetz (EstG), in welchem die Voraussetzungen der Steuerpflicht festgelegt sind (siehe EstG § 1). Auch bei den geschichtlichen Fakten weisen *Reichsbürger* mangelnde Kenntnisse bzw. nicht oder nur oberflächlich durchgeführte Recherchen auf. Je nachdem, wie es zum Argumentationsmuster passt, werden Details weggelassen oder hinzugefügt. Dies lässt sich auch auf die Aussagen bzgl. der rechtlichen Lage übertragen (vgl. BIGE 2017; BT 2018: 3 f.; Prinz 2014: 40; Schumacher 2016: 13 ff.).

4 (Rechts-) Extremismus bei *Reichsbürgern*

Extremismus ist laut Definition von Backes und Jesse die „[...] Ablehnung des demokratischen Verfassungsstaates und seiner fundamentalen Werte und Spielregeln [...]" (Backes/Jesse 1993: 40). Denkweisen wie Antisemitismus, Rassismus und Menschenfeindlichkeit fallen unter Rechtsextremismus. Diese kann jedoch nicht als allgemeingültig angesehen werden. Sie stellt lediglich eine Definition in den Politikwissenschaften dar, während im rechtswissenschaftlichen Bereich eine andere Definition verwendet wird. Letztere wird im späteren Verlauf erörtert (siehe Kapitel 4.3).

4.1 Politikwissenschaftliche Betrachtung

Extremistische Haltungen und Verhaltensweisen sind, anders als von vielen vermutet, auch in der Gesellschaftsmitte zu finden und nicht nur in den Außenbereichen. Weiter lässt sich differenzieren zwischen Rechtsextremismus als gegen die Verfassung gerichtetes Verhalten und Rechtsradikalismus, welcher „[...] einem noch verfassungsgemäßen politischen Auftreten [...]" (Virchow 2016: 14) gleicht. Es bestehen verschiedene rechtsextreme Organisationstrukturen wie Parteien oder Bürgerinitiativen. Auch rechtsextreme Vereine existieren, die einen familiären Kreis und Wohlbefinden fördern. Diese dienen ihren Mitgliedern als Rückzugsort, um ihre Gesinnung ohne Widersprüche auszuleben. Zudem schaffen sie in ihrer Außenwirkung eine homogene Position. Rechtsextreme Inhalte werden bevorzugt von Gruppen kontinuierlich geteilt und gelebt, welche in Strukturen eingebettet sind, die rechtsorientierte Denkweisen unterstützen. Dies ist zwar nicht zwingend notwendig, jedoch förderlich für die Stabilität der Einstellungen. Bewegt sich eine Person überwiegend in einem Umfeld, welches bestimmte Einstellungen und Verhaltensweisen fokussiert beziehungsweise präferiert, passt sich die Person der Mehrheitsmeinung, in diesem Fall den rechtsextremen Überzeugungen, an[14]. Eine Einstellung ist das Bewerten eines Verhaltens, eines Themas oder ähnlichem als positiv oder negativ, gefallen oder ablehnen. Welche Art der Einstellung man annimmt hängt von mehreren Faktoren ab. Zum einen die ganz individuellen Erfahrungen und Charakterzüge wie auch die Sozialisation in einem bestimmten Umfeld. Zum anderen das Verhältnis zu anderen Personen und Grup-

---

[14] Siehe auch: Asch Experiment (vgl. Shuttleworth (2008): Asch Experiment).

pen, sprich den gesellschaftlichen Erfahrungen (vgl. ProPK; Virchow 2016: 14 ff.; Zick/Küpper 2016: 83 ff.).

Die *Mitte-Studien* der Friedrich-Ebert-Stiftung von Decker und Brähler, die seit 2006 eine Längsschnittuntersuchung zu Einstellungsmustern durchführen, untersuchen die politischen und sozialen Aspekte bei rechtsextremen Einstellungsmustern. Hierunter fällt die eigene Einstellung sowohl zum Nationalsozialismus, als auch zu Antisemitismus und ähnlichen Aspekten (vgl. Zick/Küpper 2016: 90 ff.). Zick und Küpper untersuchten in der *GMF-Studie* Gruppenbezogene Menschenfeindlichkeit im jährlichen Turnus von 2002 bis 2011. In beiden Studien konnte festgestellt werden, dass rechtsextreme und menschenfeindliche Einstellungen in den neuen Bundesländern stärker vertreten sind als in den alten. Auch der Stand der Bildung wird von beiden Studien als entscheidend für rechtsextreme Einstellungen bestätigt. Personen mit höherem Bildungsniveau tendieren weniger stark zum Rechtsextremismus als Personen mit geringerer Bildung. Menschen mit einem höheren Lebensalter – in den Studien alle über 65 Jahre - tolerieren das Anwenden von Gewalt eher als jüngere Menschen. Zudem neigen ältere Menschen eher dazu, rechtsextreme Einstellungen zu befürworten. Unterschiede zwischen den Geschlechtern konnten kaum nachgewiesen werden (vgl. Zick/Küpper 2016: 93 ff.).

Zieht man den Vergleich zwischen Rechtsextremismus und den *Reichsbürgern* fällt auf, dass sich einige Merkmale überschneiden, andere jedoch unterschiedlich ausfallen. Insbesondere Personen, die sozial schlechter gestellt sind oder mit finanziellen Schwierigkeiten zu kämpfen haben, sind offen für das *reichsideologische* Konzept. Im Allgemeinen setzen sich die *Reichsbürger* aus Gruppierungen zusammen, welche die gleichen Einstellungen teilen. Diese können rechtsextrem sein, müssen es aber nicht zwangsläufig. Auch finden sich Einzelpersonen im *Reichsbürger*-Milieu, die überwiegend der Gruppe der *Selbstverwalter* zugezählt werden können. Dabei ist der Anteil rechtsextremer Personen unter den allein agierenden *Selbstverwaltern* geringer. Dies ist ein Indiz dafür, dass sich extremistische Einstellungen bevorzugt in einer Gruppenstruktur etablieren und bestehen bleiben. Wie auch der Rechtsextremismus und verwandte Einstellungen treten *Reichsbürger* verstärkt in den neuen Bundesländern auf, insbesondere in Brandenburg und im Freistaat Sachsen.

Bezüglich der Bildung besteht ein zweigeteiltes Bild. Rechtsextreme Tendenzen sind eher in weniger gut gebildeten Schichten zu finden, *reichsideologische* dagegen in jeglichen Sozialschichten. Betrachtet man das Alter findet man Gemeinsamkeiten von Rechtsextremismus und *Reichsbürgern*. Der überwiegende Anteil an *Reichsbürgern* ist 50 Jahre und älter und einige der *Reichsbürger* haben kein Problem Gewalt anzuwenden, sofern über gewaltfreies Handeln das eigene Ziel nicht erreicht werden kann[15]. Betrachtet man schließlich das Geschlechterverhältnis lassen sich keine nachweisbaren Unterschiede in der Zusammensetzung feststellen. Sowohl bei *Reichsbürgern* als auch bei Rechtsextremen sind in ähnlichem Maß Männer und Frauen vertreten, wobei es bei *Reichsbürgern* eine Tendenz zu einem größeren Männeranteil gibt. Ein bekanntes Beispiel für die Kombination aus *Reichsbürger* und rechtsextremen Einstellungen ist Horst Mahler. Auch auf Norbert Schittke, der die „Exilregierung Deutsches Reich" gründete, trifft das zu (vgl. BIGE 2017; BT 2018: 4; Keil 2015: 44 f.; Schulze 2015: 197; Schumacher 2016: 6 ff.).

Hüllen, Homburg und Krüger haben das Phänomen der *Reichsbürger* mithilfe von Kategorien der Extremismusforschung näher betrachtet und dabei circa 300 Fälle aus Brandenburg untersucht. Als Extremismus werden alle Unternehmungen angesehen, die den „[...] Minimalbedingungen einer modernen Demokratie und offenen Gesellschaft [...]" (Hüllen/Homburg/Krüger 2015: 15) entgegenstehen. Durch die Modernisierung und dem damit einhergehenden Wandel der Wertevorstellungen entsteht ein Kulturkonflikt, welcher sich bei *Reichsbürgern* zu einem „politisch-kulturellen Grundkonflikt" (ebd.: 17) entwickelt hat. Besonders Menschen auf dem Land fühlen sich durch die Modernisierung vernachlässigt und zeigen sich systemfeindlich, um mit ihrem Frust umzugehen. Zudem laufen auf dem Land weniger Offenlegungsprozesse ab, wodurch Rechtsextremismus indirekt eher akzeptiert wird. Aggressive Verhaltensweisen sind unter Rechtsextremisten nicht unüblich. Ebenso zeigen manche *Reichsbürger* Aggressivität, jedoch sind nicht alle *Reichsbürger* automatisch rechtsextrem. Die sogenannte „historisch-fiktionale Gegenerzählung des Rechtsextremismus" (ebd.: 18), welche „[...] autoritäre, ethnisch-nationalistische sowie kollektivistische Wertvorstellungen" (ebd.: 19) beinhaltet, beschreibt zum Teil die *Reichsbürger*-Ideologie. Überzeugungen, welche der Realität entgegenstehen, werden auch in diesen Begriff miteinbezogen. Fakten werden derart angepasst oder verändert bis sie zu den eigenen Über-

---

[15] Siehe auch: Nihilistible (2014): *Reichsbürger* stellen sich vor. Zdf info. [YouTube] URL: https://www.youtube.com/watch?v=r1mTYv7HPTs, 25:00 min. bis 25:19 min.

zeugungen passen (vgl. Hüllen/Homburg/Krüger 2015: 15 ff.; Schumacher 2016: 7 ff.; Wilking 2015a: 175 ff.).

Im Bereich des (Rechts-) Extremismus sind kriminelles Verhalten und Gewalt zu finden. Mit der Wiedervereinigung Deutschlands im Jahr 1989 ist die Gewaltrate von politisch motivierten kriminellen Verhalten stark angestiegen und seither auf ähnlichem Niveau verblieben. In Zahlen beläuft es sich auf ungefähr 18000 Fälle von denen im Schnitt 900 gewalttätige Handlungen mit einbeziehen. In der medialen Berichterstattung und auch im Bewusstsein der Gesellschaft taucht rechtsmotivierte Gewalt nur phasenweise auf. Dabei handelt es sich oftmals um größere Geschehnisse. Betrachtet man den Rechtsextremismus lässt sich ein Zusammenhang zwischen Ideologie und Werten feststellen. Die Ideologie wird als Legitimationsgrund für alle Handlungen genutzt. Weiter besteht ein immerwährender Handlungsdruck, die eigenen Einstellungen und Wertevorstellungen nach außen zu tragen. Es sind alle Mittel recht und des Öfteren wird der Wahn als ein unterstützender Faktor bei Menschen einer solchen Ideologie benannt. Als Wahn wird eine Fehlleistung des inhaltlichen Denkens beschrieben. Es ist „[...] eine lebensbestimmende falsche Überzeugung des Betreffenden, die nicht mit der sozialen und kulturellen Realität seiner Umwelt in Einklang zu bringen ist" (Keil 2015: 56). In Bezug auf Rechtsextremisten ist damit die Vorstellung gemeint, sie seien in einem Krieg und alle Andersdenkenden seien ihre Feinde, welche bekämpft werden müssen. Sie wollen ihrer Ideologie zu Geltung verhelfen, indem sie sich Straftaten jeglicher Art bedienen. Um dieses Phänomen der „Politisch motivierten Kriminalität" (Dierbach 2016: 477) besser dokumentieren zu können, wurde 2001 ein neues Erfassungssystem entwickelt, bei dem die Einstellung des Täters zum Tatzeitpunkt entscheidend ist. Dieses System wird auch von der Polizei genutzt. Rechts motivierte Gewalt soll im Allgemeinen Dominanz herstellen zu allen Andersdenkenden und politische Wirkkraft entfalten. Es bleibt zu beachten, dass die Opfer solch gearteter Gewalthandlungen zumeist nicht als Individuen geschädigt werden sollen, sondern auf ihre Eigenschaften bzw. Zugehörigkeit reduziert werden. Entscheidend ist im weitesten Sinne die Tatsache, dass der oder die Geschädigte dem feindlichen Lager zugeordnet wird. Insgesamt lässt sich sagen, dass rechtsextremen Argumenten immer weniger von der Gesellschaft entgegengesetzt wird und somit langsam aber sicher die Akzeptanz von rechtsextremen Gedankenstrukturen zunimmt (vgl. Dierbach 2016: 471 ff.).

Bei einem Vergleich mit den *Reichsbürgern* muss zunächst vorangestellt werden, dass die Mehrheit der *Reichsbürger* nicht gewalttätig ist und sich auf gewaltfreie

Handlungsweisen beschränken, wie beispielsweise Briefe zu schreiben. Die Briefe beinhalten sowohl Darlegungen der *reichideologischen* Ideen und Einstellungen als auch Beleidigungen oder Erpressungsversuche. Diejenigen, die durch gewalttätiges Auftreten auffällig wurden, sind in den allermeisten Fällen nicht vorbestraft. Dennoch gibt es Gruppierungen wie der „Bundesstaat Bayern", welche als Negativbeispiel dienen und bereits mit der Polizei in Konflikt gekommen sind. Im Schnitt liegt das Alter der durch Gewalttaten strafrechtlich auffällig gewordenen *Reichsbürger* bei 50 Jahren, was im Vergleich zu der allgemeinen Altersstruktur der Tatverdächtigen ein höheres Alter bei *Reichsbürgern* darstellt. Der Frauenanteil mit circa 20 Prozent stellt keine große Abweichung zu der allgemeinen Altersverteilung bei Straftaten dar. Eingrenzend muss jedoch gesagt werden, dass dieser Wert nur auf eine kleine dreistellige Anzahl von polizeibekannten Fällen in Brandenburg zutrifft und somit eine Generalisierung nur mit Vorsicht angestellt werden sollte.

Betrachtet man die Polizeiliche Kriminalstatistik aus dem Jahr 2016, die die deutschen Tatverdächtigen nach Delikten aufschlüsselt, beläuft sich der Altersbereich, in denen insgesamt die meisten Straftaten zu verzeichnen sind auf 30 bis unter 40 Jahre. Der Frauenanteil liegt bei circa 25 Prozent und betrachtet man die Körperverletzungsdelikte sinkt der Frauenanteil auf circa 21 Prozent. In der Altersgruppe der 50 bis 59-Jährigen und der über 60-Jährigen erhöht sich zwar der Frauenanteil der gesamten Straftaten auf rund 27 bzw. fast 30 Prozent, aber im Durchschnitt liegt der Frauenanteil bei allen Straftaten aller Personen über 21 Jahre bei circa 26 Prozent. Bei Körperverletzungsdelikten schwankt der Frauenanteil dagegen stets um die 21 Prozent. Laut einer LAPOS-Abfrage[16] belaufen sich die Straftaten von *Reichsbürgern* „gegen Amts- und Mandatsträger" im Jahr 2017 insgesamt auf 116. In Bayern sind zehn politisch motivierte Straftaten zu verzeichnen. Allgemein sind für das Jahr 2017 771 politisch motivierte Straftaten, die durch *Reichsbürger* begangen worden, in Deutschland zu verzeichnen. Darunter fallen 619 vollendete und 152 versuchte Taten. Die Zahlen in Bayern belaufen sich auf 128 Versuchsdelikte und 186 vollendete. Die 771 politisch motivierten Straftaten belaufen sich auf 115 Gewaltdelikte, 251 Nötigungen oder Bedrohungen, 50 Pro-

---

[16] „[...] Datenbestand der Bundeskriminalamt (BKA)-Fallzahlendatei LAPOS (Lagebild Auswertung politisch motivierter Straftaten)" (BT 2018: 6). Die Daten werden immer wieder verändert, da es sich um eine Eingangsstatistik handelt. Im Verlauf der Ermittlungsarbeit kann sich der Status demnach verändern und die Zahlen variieren (vgl. ebd.).

pagandadelikte, 81 Volksverhetzungen, 250 sonstige Delikte, neun Sachbeschädigungen, drei Verstöße gegen das Versammlungsgesetz und 12 Verstöße gegen das Waffengesetz. Zehn Straftaten sind bekannt, die sich gegen Flüchtlinge oder Asylbewerber richten (vgl. BT 2018: 6 ff.; Pany 2017; PKS BKA 2016).

Insgesamt soll bei *Selbstverwaltern* eine höhere Eskalationsgefahr bestehen, da sie keine Notwendigkeit in Behörden sehen wie andere *Reichsbürger* und teilweise bereit sind, Gewalt einzusetzen. Der Vorfall in Georgensgmünd in 2016 bestärkt diese Einschätzung. Der Täter sei der Gruppe der *Selbstverwalter* zuzuordnen. Es sind Personen anzutreffen, welche kein großes soziales Netz haben oder arbeitslos bzw. im Ruhestand sind. In Erscheinung treten *Reichsbürger* entweder durch das Verweigern von Abgaben oder ähnlichem, wodurch Behörden auf das entsprechende Verhalten reagieren müssen. Oder durch das aktive Kontaktieren von Behörden in Form von Briefen oder dem Versuch, den eigenen Führerschein oder Ausweis abzugeben. Die direkten Kontakte mit *Reichsbürgern* können sehr schnell von einer annähernd neutralen Ebene in Gereiztheit und Aggressivität münden. Bei den *Reichsbürgern* sind wie bei anderen Gruppierungen sowohl Suizidenten aufzufinden als auch Personen, denen man eine psychische Krankheit zuschreiben kann. Oft fällt hier, wie auch schon beim Rechtsextremismus, der Begriff des Wahns. Dennoch bleibt festzustellen, dass eine solche krankhafte Form des Wahns selten auftritt. Den meisten *Reichsbürgern* ist ihre provokative Haltung bewusst und sie agieren gezielt mit Protest und Widerstand. Ziel ist es, die Bediensteten sowohl in den Büros als auch im Vollzug einzuschüchtern, was sich zum Teil bis in das Privatleben hineinziehen kann (vgl. BfV 2017a; BT 2018: 3 ff.; Keil 2015: 43 ff.; Müller/Meltzer 2017: 7 ff.; Pany 2017; Rathje 2015; BT 2018: 4).

Im Zusammenhang mit Extremismus und *Reichsbürgern* wird auch des Öftern der Begriff der Radikalisierung bzw. des Radikalismus fallen gelassen. Die Grenze von einem Mitläufer zu einem Radikalen ist fließend und daher nicht immer klar abgrenzbar. Vor allem das Auffinden von Waffen und Chemikalien bei *Reichsbürgern* und die zunehmenden Fälle von gewalttätigen Situationen sind zu erwähnen. *Reichsbürger* sind im Verhältnis zur Gesamtbevölkerung stark bewaffnet. Ende September 2017 betrug der Anteil an *Reichsbürgern* mit mindestens einer waffenrechtlichen Erlaubnis bei 6,5 Prozent, während der Anteil der Gesamtbevölkerung bei 2 Prozent lag. Während die Anzahl der Straftaten kein Indiz für das Gefahrenpotential der *Reichsbürger* darstellen, ist die Waffenaffinität ein Indiz dafür. Auch die beiden Gewaltdelikte in Sachsen-Anhalt und Bayern sprechen dafür, dass einige *Reichsbürger* bereit sind Waffen zu nutzen. Die eigene Bürgerwehr der *Reichs-*

bürger, das ‚Deutsche Polizei Hilfswerk' (DPHW)" (Rathje 2015), hielt 2012 einen Gerichtsvollzieher fest, welcher eine Zwangsvollstreckung vollziehen wollte. Derzeit ist das DPHW inaktiv. Gefördert wird die scheinbare Radikalisierung durch die mediale Berichterstattung. Die Medien berichten nur bei größeren Ereignissen über die Thematik *Reichsbürger*, wie es auch bei rechtsextremer Gewalt der Fall ist. Beispiel dafür ist die Berichterstattung zu dem getöteten Polizisten in Georgensgmünd[17]. Vor diesem Vorfall wurden die *Reichsbürger* selten erwähnt. Auch das Verbreiten der *reichsideologischen* Ansichten via Internet und das Aufrufen zur Ablehnung der BRD sind Indizien für einen Radikalisierungsprozess. Es neigen vor allem Personen mit bereits existierendem querulatorischen Verhalten dazu, sich von den *Reichsbürgern* verstanden zu fühlen und dort Gleichgesinnte zu treffen. Beeinflusst wird die eigene Identität durch äußere Faktoren wie die Sozialkontakte. Bei *Reichsbürgern*, so die Theorie, existiert eine „überwertige Idee" (Keil 2015: 77), welche bei fortschreitender Zeit alle weiteren Gedanken überlagert und somit die ideologischen Gedanken die einzig existierenden sind. Folglich werden existentielle Probleme der jeweiligen Personen verdrängt, anstatt sie zu lösen (vgl. BfV 2017b; BT 2018: 13 ff.; Keil 2015: 44 ff.; Müller/Meltzer 2017: 5 ff.; Rathje 2015; Schumacher 2016: 6 ff.).

Zur Beantwortung der Frage, ob *Reichsbürger* der rechtsextremen Szene zugeordnet werden können, lässt sich folgendes feststellen: Für die Zugehörigkeit der *Reichsbürger*-Ideologie zum Extremismus spricht, dass sie einen demokratischen Verfassungsstaat inklusive dessen Regeln ablehnen. Die *reichsideologischen* Überzeugungen, welche der Realität entgegenstehen, haben einen Bezug zur „historisch-fiktionalen Gegenerzählung" des Rechtsextremismus. Hinzu kommt, dass Mitglieder beider Gruppierungen vermehrt in den neuen Bundesländern anzutreffen sind. Eine allgemeine Überforderung mit der Schnelllebigkeit, die mit der Globalisierung einhergeht, führt zu systemfeindlichen Einstellungen und fördert rechtsextreme Einstellungen. Diese systemfeindlichen Einstellungen können auch den *Reichsbürgern* zugeschrieben werden. *Reichsbürger* nutzen im Allgemeinen kaum Gewalt, jedoch werden Gewaltanwendungen bei einigen *Reichsbürgern* nicht per se ausgeschlossen, wie oben bereits erwähnt. Rechtsextreme hingegen

---

[17] Siehe u.a.: https://www.zeit.de/gesellschaft/zeitgeschehen/2016-10/georgensgmuend-reichsbuerger-polizist-schuesse oder
http://www.spiegel.de/panorama/justiz/georgensgmuend-reichsbuerger-schiesst-mehrere-polizisten-nieder-a-1117289.html.

sind vermehrt in gewalttätige Auseinandersetzungen verwickelt. Die jeweiligen Opfergruppen ähneln sich, da die *Reichsbürger* bzw. Rechtsextremen die Opfer auf ihre Eigenschaften oder Zugehörigkeiten reduzieren. Die mediale Berichterstattung erfolgt nur phasenweise und bei großen Ereignissen, sowohl bei *Reichsbürgern* als auch bei rechtsextremen Geschehnissen. Es finden sich jedoch auch Faktoren, die gegen eine Zugehörigkeit der *Reichsbürger* zum Rechtsextremismus sprechen.

Nicht in jeder *reichsideologischen* Gruppierung sind Antisemitismus, Menschenfeindlichkeit und Rassismus zu finden. Auch die Strukturierung von *reichsideologischen* Gruppierungen unterscheidet sich von rechtsextremen. Während *Reichsbürger* unabhängige Gruppierungen sind, die sich teilweise übergreifend organisieren, ist der Organisationsgrad bei rechtsextremen Gruppierungen höher. Wie bereits erwähnt festigen sich Einstellungsmuster am besten in Gruppen. Dieser Prozess ist auch bei den *Reichsbürgern* gegeben. Durch das Agieren in Gruppierungen werden die geteilten Überzeugungen verstärkt und verinnerlicht. Personen, die der *Reichsbürger*-Ideologie zugetan sind, werden in ihren Ansichten bestätigt und lassen sich durch die Gruppendynamik leichter für weitere *reichsideologische* Argumente begeistern. Dieses Phänomen findet sich zwar auch bei rechtsextremen Gruppierungen, aber es ist kein Argument, welches für eine Zugehörigkeit der *Reichsbürger* zum Rechtsextremismus spricht. Es sind allgemeine Gruppenprozesse, die bei jeder Art von Gruppierung aufzufinden sind. In Bezug auf den Bildungsgrad tendieren Personen mit niedrigerem Bildungsstand eher zu rechtsextremen Einstellungen. Da auch Personen mit geringer Bildung bei den *Reichsbürgern* anzutreffen sind, ist eine verstärkte Neigung in diese Richtung naheliegend. Jedoch kann nicht automatisch von einem niedrigen Bildungsniveau auf eine vorliegende rechtsextreme Haltung geschlossen werden. Lediglich die Wahrscheinlichkeit ist höher, dass sich eine solche Person im Laufe der Zeit mit rechtsextremen Tendenzen anfreundet. Auch das Geschlecht ist kein Faktor, der Auswirkungen auf die Zugehörigkeit hat, da in beiden Fällen Männer und Frauen in vergleichbaren Maße vertreten sind (vgl. BIGE 2017; BIGE; BT 2018: 3 ff.; Dierbach 2016: 471 ff.; Hüllen/Homburg/Krüger 2015: 15 ff.; Keil 2015: 44 f.; Müller/Meltzer 2017: 7 ff.; Schulze 2015: 197; Schumacher 2016: 6 ff.; Virchow 2016: 15 ff.; Wilking 2015a: 176 ff.; Zick/Küpper 2016: 83 ff.).

Keine aussagekräftigen Faktoren sind sozialer oder finanzieller Status und das Alter. Menschen mit rechtsextremen Einstellungen kommen aus allen sozialen Schichten wie bei den *Reichsbürgern*. In Bezug auf das Alter ist keine allumfassende Aussage möglich. Nur weil die meisten *Reichsbürger* über 50 Jahre alt sind, bedeutet dies nicht, dass sie rechtsextreme Einstellungen haben und gewalthaltiges Verhalten vermehrt tolerieren. Es besteht lediglich eine höhere Wahrscheinlichkeit (vgl. BIGE 2017; Virchow 2016: 15 ff.).

Abschließend lässt sich sagen, dass es durchaus Gemeinsamkeiten zwischen *Reichsbürger*-Ideologie und Rechtsextremismus gibt. Es ist möglich, dass eine Person sowohl rechtsextreme als auch *reichsideologische* Einstellungsmuster aufweist. Die Einstellungstypen bedingen sich jedoch nicht. Für *Reichsbürger* ist der Übergang zu einer rechtsextremen Einstellung einfacher und fließender. Andersherum ist es unwahrscheinlicher, da Rechtsextremisten in der Regel nicht die Existenz der BRD leugnen. Eine Zuordnung zum Extremismus dahingehend kann bejaht werden.

4.2 Einfluss von Informationsmaterialien

Es findet sich bei verschiedenen Informationsveranstaltungen oder Tagungsthemen oftmals eine Kombination aus *Reichsbürgern* und Rechtsextremismus. Es wird über beide Themen aufgeklärt und automatisch entsteht das Gefühl, dass *Reichsbürger* rechtsextrem seien. Auch gibt es Handreichungen und Informationsbroschüren, welche diesen Eindruck beim Leser erwecken. Hier sei als Beispiel die Informationsbroschüre der *Amadeu Antonio Stiftung* mit dem Titel „*Wir sind wieder da*" – *Die Reichsbürger: Überzeugungen, Gefahren und Handlungsstrategien* aus dem Jahr 2014 erwähnt, welche durch das Bundesministerium des Innern gefördert wurde. Diese soll für einen Überblick dienen und Tipps im Umgang mit *Reichsbürgern* geben. Mit Aussagen wie „Hinter der Maskerade aus Verschwörungsdenken, Esoterik und Regierungsspielchen steckt jedoch eine handfeste rechtsextreme und menschenfeindliche Ideologie" (Amadeu Antonio Stiftung 2014: 4) oder „Die Reichsideologie ist in ihrem Kern **rechtsextrem**" (ebd.: 6) wird den Lesern dargelegt, dass die *Reichsbürger* per se rechtsextrem seien. Für eine Grafik, die die *Reichsbürger*-Ideologie darstellen soll, werden Hakenkreuzsymboliken genutzt und eine gebrochene[18] Schriftart verwendet, um die Verknüpfung von *Reichsbürgern* am Rechtsextremismus zu verdeutlichen (siehe Abb. 1).

---

[18] Die Schriftart ist nicht eindeutig zu identifizieren. Sie ähnelt jedoch in großen Teilen der Frakturschrift.

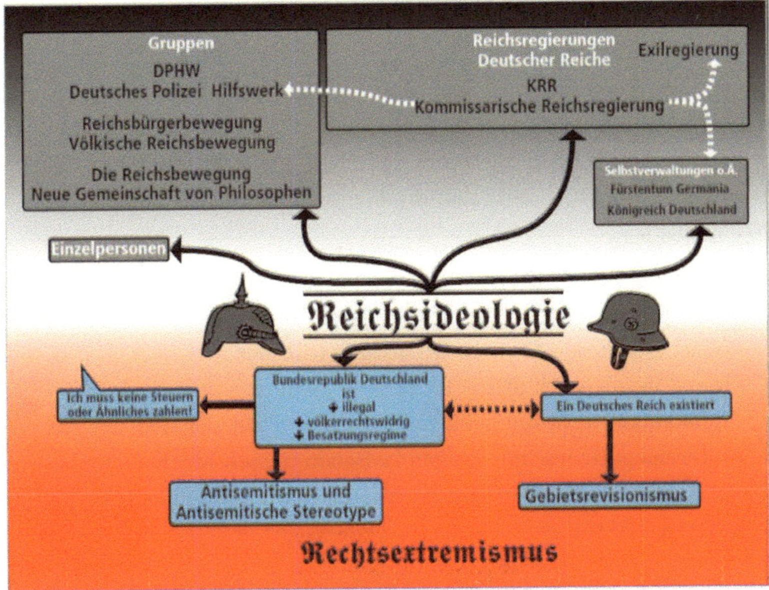

Hinter dem Reich steckt der Rechtsextremismus: Schematische Darstellung reichsideologischer Fragmente.

Abbildung 1: Die Reichsbürger-Ideologie nach der Amadeu Antonio Stiftung
Quelle: Amadeu Antonio Stiftung

Bei der Darlegung der Argumentation der *Reichsbürger* im weiteren Verlauf der Handreichung wird für deren Aussage die gebrochene Schriftart verwendet. Die *Amadeu Antonio Stiftung* kämpft unter anderem gegen Antisemitismus, weshalb eine solche Generalisierung nachvollziehbarer wird. Es ist durchaus möglich, dass die Mitarbeiter dieser Stiftung primär Kontakt zu *Reichsbürgern* haben, die der rechten Szene zugeordnet werden können. Daher kann sich eine solche Ansicht eher etablieren. Dennoch ist eine reflektierende und kritische Betrachtungsweise notwendig, um möglichst exakte Rückschlüsse zu ziehen. Es gibt durchaus *Reichsbürger* mit rechtsextremen Hintergründen, aber es ist fraglich, ob jeder *Reichsbürger* auch ein Rechtsextremist ist.

Ein weiteres Beispiel ist eine Information der Polizeigewerkschaft Sachsen-Anhalt, welche auf ihrer Homepage veröffentlicht wurde. Auf dieser Seite werden sechs Behauptungen der *Reichsbürger* durch ein Journalistenteam aufbereitet und eine Stellungnahme daruntergesetzt, inwieweit die Aussagen der *Reichsbürger* zutreffen. Auch hier wurde für die Überschrift eine gebrochene Schrift gewählt, was die Leser beeinflussen kann. Im Vergleich existieren auch Handreichungen, welche in Bezug auf Rechtsextremismus neutraler gehalten sind. Die Handreichungen der BIGE, des LfV oder auch des BfV enthalten zum Beispiel sowohl allgemeine Informationen zu *Reichsbürgern, Selbstverwaltern* und allen Bereichen rund um die Thematik, als auch eine Bezugnahme zum Rechtsextremismus. *Reichsbürger* werden jedoch nicht pauschal als rechtsextrem bezeichnet, sondern es wird zwischen *Reichsbürgern* mit und ohne rechtsextremen Einstellungen unterschieden (vgl. BIGE 2017; BIGE; LfV; BfV 2018; BfV 2017a; BfV 2017b; Nau/Pfaff u.a.).

Weiter gibt es Verschriftlichungen von Tagungen oder Veröffentlichungen in Fachzeitschriften, welche sich mit der Thematik der *Reichsbürger* auseinandersetzen. Auch bei dieser Auseinandersetzung wird der Rechtsextremismus bei der Betrachtung miteingeschlossen. Es werden zumeist beide Ideologien vorgestellt und anschließend in Bezug zueinander gesetzt. Fazit der meisten Tagungen ist, dass es durchaus Überschneidungen zwischen beiden Ideologien gibt, es jedoch noch vermehrter Analyse und Beobachtung bedarf (vgl. Bluth 2017; MISSA 2015; Schäfer 2016: 203 ff.).

4.3 Rechtswissenschaftliche Sichtweise

Selbst das Bundesverfassungsgericht konnte keine feste einheitliche Definition von Rechtsextremismus finden. Wie auch in anderen Fachrichtungen gibt es keine einheitliche Definition und eine Einzelfallbetrachtung ist unumgänglich. Das Erfüllen einzelner Merkmale von Definitionen wie der Definition der Bundesagentur für politische Bildung kann bereits ausreichen, eine rechtsextremistische Gesinnung zu belegen. Je nach Betrachter können die Einschätzungen variieren. Weiter sei es ein Unterschied, ob eine Person rechtsextremistisch sei oder ihre Verhaltensweisen als rechtsextremistisch bezeichnet werden (vgl. BVerfG, NJW 2012, 3712; VGH München, NVwZ-RR 2018, 251).

Die Gefahr für die freiheitlich demokratische Ordnung stellt einen Anhaltspunkt dar, der für eine Einschätzung genutzt werden kann. Eingrenzend sei erwähnt, dass eine kritische Äußerung gegenüber der bestehenden Verfassung und deren Werten nicht als Gefahr für die freiheitlich demokratische Ordnung angesehen werden kann. Eine solche Gefahr kann mithilfe „[...] politisch bestimmten, ziel- und zweckgerichteten Verhaltensweisen [...]" (BVerfSchG § 4 Abs. 1) erzeugt werden. Dieses Verhalten kann sowohl von Einzelpersonen als auch von Gruppen ausgehen. Eine aktive, nicht unbedingt aggressive Vorgangsweise inklusive öffentlichem Auftreten wie Veranstaltungen muss existieren. Das öffentliche Auftreten muss geradlinig auf ein Ziel ausgerichtet sein. Zudem „[...] müssen die betreffenden Bestrebungen politisch bestimmt und damit objektiv geeignet sein, über kurz oder lang politische Wirkungen zu entfalten [...]" (VGH München, Urteil vom 06.07.2017 – 10 BV 16.1237, Rn. 34) (vgl. ebd.).

Betrachtet man die *Reichsbürger* sind sowohl Einzelpersonen, als auch Gruppierungen zu finden. Das Verhalten ist überwiegend friedlich, jedoch sind auch aggressive Verhaltensweisen bis zu Gewaltanwendung vorhanden. *Reichsbürger* führen regelmäßig Treffen durch oder veranstalten sogenannte Montagsdemos. Diese Treffen dienen dazu ihre Ansichten zu verbreiten, Mitglieder zu werben und dadurch mehr Einfluss zu gewinnen. Internetauftritte durch eigene Homepages unterstützen dies. *Reichsbürger* wollen ihre eigene Regierung etablieren und verfolgen dieses Ziel aktiv. Sie beantragen Staatsangehörigkeitsausweise, versuchen ihre Ausweisdokumente der BRD abzugeben, verfassen Lebend- und Personenstandserklärungen und erklären offiziell ihren Austritt aus der BRD. Sie stützen sich auf veraltete Gesetze wie das *Reichs- und Staatsangehörigkeitsgesetz* (RuStAG) von 1913, um ihre Argumentationen zu bekräftigen. Es gibt viele *reichsideologische* Gruppierungen mit einer Vielzahl an Ansichten. Dies führt dazu, dass viele die Existenz der BRD leugnen und entsprechende Schriftstücke aufsetzen. Die fehlende bzw. schlechte Struktur und Organisation wie auch die verschiedenen Motivationen, weshalb sich Personen den *Reichsbürgern* anschließen, eignen sich jedoch nicht oder nur bedingt für die Erzielung einer politischen Wirkung. Soweit bekannt sind die *Reichsbürger* nicht in politischen Strukturen aktiv oder verfügen über die Mittel, politischen Einfluss zu erzielen. Dies führt zu dem Schluss, dass durch sie keine Gefahr für die freiheitlich demokratische Ordnung besteht (vgl. StMI 2018: 171 ff.).

Für die Einordnung der *Reichsbürger* kann auf die Bekanntmachung[19] des Bayerischen Staatsministeriums des Innern vom 29.11.2017 verwiesen werden. Das Ministerium veröffentlichte ein Verzeichnis extremistischer oder extremistisch beeinflusster Organisationen, welches nach Bedarf ergänzt wird. *Reichsbürger* werden in der Kategorie „Extremismus sonstiger Art" gelistet. Dies steht im Einklang mit der Auffassung des Verfassungsschutzberichts 2017. Dort heißt es, dass die Ablehnung eines Staates mit seinen Rechtsorganen in den meisten Ideologien von

---

[19] Siehe: https://beck-online.beck.de/Dokument?vpath=bibdata%2Fges%2Fbayvv_108268%2Fcont%2Fbayvv_108268.amtabschnitt1.htm&pos=7&hlwords=on. Abruf am 24.04.2018.

extremistischen Gruppierungen zu finden sei. Es sei kein Kriterium, dass diese Gruppierungen zum Rechtsextremismus gehören (vgl. StMI 2018: 173).

Es lässt sich zusammenfassen, dass *Reichsbürger* nicht per se als rechtextrem eingestuft werden können. Ihre gegen die BRD gerichteten Aussagen und ihr allgemeines Verhalten sind nicht ausreichend, um eine Zugehörigkeit zum Rechtsextremismus zu bestätigen. Dennoch ist nicht auszuschließen, dass es rechtsextreme Personen unter den *Reichsbürgern* gibt bzw. sich manche *reichsideologischen* Gruppierungen ausschließlich aus Personen mit rechtsextremen Ansichten zusammensetzen. Es bedarf einer weiteren Beobachtung der Gruppierungen und einer Einzelfallbetrachtung. *Reichsbürger* können jedoch dem Extremismus zugeordnet werden.

5 Berührungspunkte der *Reichsbürger* mit dem öffentlichen Dienst

Reichsbürger sprechen der deutschen Rechtsstruktur ihre Wirksamkeit ab, indem sie die Existenz der BRD leugnen. Somit sehen sie sich nicht in der Pflicht, Leistungen an den Staat und seine Strukturen zu entrichten, wie beispielsweise Steuern zu zahlen. Durch dieses Verhalten sind insbesondere Mitarbeiter im öffentlichen Dienst betroffen. Dem öffentlichen Dienst wird jede „[...] berufliche Tätigkeit bei den öffentlich-rechtlichen Körperschaften, Anstalten und Stiftungen" (Springer Gabler Verlag) zugeordnet. Hierunter fallen auch Behörden, da sie „[...] Aufgaben der öffentlichen Verwaltung [...]" (Art.1 (4) VwVfG) übernehmen. Es muss sich jedoch nicht zwingend um Personen mit Beamtenstatus handeln, sondern auch Angestellte werden dazugezählt (vgl. Springer Gabler Verlag).

5.1 Konflikte

Als Kernproblematik im Umgang mit *Reichsbürgern* zählen der große Zeitaufwand und die benötigten Ressourcen, welche für die restlichen Tätigkeiten fehlen. Durch ihre sehr langen Anschreiben und der Vielzahl eben dieser, werden die Mitarbeiter in den öffentlichen Stellen von ihren anderen Tätigkeiten abgehalten. Sie müssen sich um Beschwerden oder Widersprüche kümmern, welche von den *Reichsbürgern* gestellt werden. Die zumeist vorliegende „narzisstische Selbstaufwertung" (Keil 2015: 48) ist ein entscheidender Faktor. Die *Reichsbürger* stellen sich über alle anderen und sondern sich somit von der Gesamtbevölkerung ab. In diesem Zusammenhang ist ihre Vorstellung von der nichtexistierenden Rechtsgewalt der BRD unterstützend, da sie aufgrund dessen die deutschen Ausweisdokumente nicht mehr anerkennen und eigene Dokumente mit sich führen. Sie stellen Forderungen, welche nicht erfüllt werden können bzw. nicht rechtens sind und drohen im gleichen Schreiben mit massiven Folgen bei Nichterfüllung. An der sogenannten *Malta-Masche* oder auch *Malta-Inkasso* versuchten sich 2016 einige *Reichsbürger*. Behördenmitarbeitern oder auch Politikern sollte glaubhaft gemacht werden, dass sie Schulden in Millionenhöhe hätten. Die fingierten Schulden wurden in einem Online-Register der USA eingetragen, bei welchem keine Nachweise für die tatsächlichen Schulden notwendig sind. Die entsprechenden Geldforderungen liefen schließlich über ein maltesisches Inkassounternehmen, wobei bisher keine Zustellung von Zahlungsaufforderungen verzeichnet werden konnten. Auch werden von *Reichsbürgern* jegliche Arten von Zahlungen abgelehnt und zum Teil Gerichtsverhandlungen gestört. Drangsalierungen, Klagen und Anzeigen von *Reichsbürgern* gehören zum Alltag für Mitarbeiter im öffentlichen Dienst. Die *Reichsbürger* nutzen eigene Texte und individuelle Auslegungen von bereits existierenden Dokumenten und Schriftstücken, um ihren Standpunkt zu untermauern. Sie verändern nicht nur bekannte Reden oder Aussagen von Politikern, sondern auch Gerichtsurteile, Verträge und Abkommen aus verschiedenen Jahrzehnten, damit sie für ihre Zwecke und ihre Auslegung zielführend sind. Auch haben sie bereits Schulmaterialien angepasst und manchem Lehrpersonal wurde die Zugehörigkeit zum *Reichsbürger*-Milieu nachgewiesen. Ein Fall wurde durch die Medien aufgegriffen, wobei dabei fraglich ist, ob es sich wirklich um einen *Reichsbürger* handelt oder er ein Verschwörungstheoretiker mit rechten Tendenzen ist. Ein sehr gängiges Verhalten von *Reichsbürgern* ist das Aufzeichnen von Videos oder Tonbeiträgen, insbesondere Diskussionen mit Staatsangestellten. Diese werden im Anschluss auf YouTube oder ihren eigenen Websites veröffentlicht, um Beweise für angebliches rechtswidriges Verhalten zu sammeln. Weiter dienen solche Aufnahmen dazu, den betroffenen Personen die Glaubwürdigkeit zu nehmen und ihre ganze berufliche Tätigkeit inklusive ihrer Person ins Lächerliche zu ziehen. In diesem Deliktsfeld und auch in Bezug auf rechtswidrige Telefonmitschnitte bzw. Titelmissbrauch ermitteln die Polizeibehörden immer wieder. Auch Hausordnungsverstöße sind bei *Reichsbürgern* nicht unüblich. Kontakte mit Personen, die der *Reichsbürger*-Ideologie angehören, gehen oftmals mit Beleidigungen, Erpressungen oder Nötigungen einher. Gerade Personen, die im Vollzug arbeiten wie Polizisten oder Gerichtsvollzieher, sind von diesen Verhaltensweisen betroffen. Insbesondere tätliche Übergriffe sind bei Personen im Strafvollzug öfter zu erwarten als bei Personen mit Bürotätigkeiten. Auch besteht vor allem bei Personen im Vollzugsdienst die Möglichkeit, dass es keine rein dienstliche Angelegenheit bleibt. Im privaten Bereich können weitere Maßnahmen beispielsweise aufgrund von Nachstellungen durch *Reichsbürger* nötig sein. Hierunter fallen wechselnde Routen für den Weg zur Arbeit oder auch ein aufmerksamer Blick auf das Umfeld. Bedrohungen sind im kommunalen Verwaltungssektor keine Seltenheit. Hier reichen die Handlungen von Androhung der Todesstrafe über das Beschädigen von Gegenständen bis hin zu physischen Gewalthandlungen. Begleitet wird dies meist durch aggressive Ausdrucksweise des *Reichsbürgers*, welche eine spätere gewalttätige Handlung begünstigt (vgl. BfV 2017a; BT 2018: 3 ff.; Caspar/Neubauer 2015: 94 ff.; Holdenried 2016; Hüllen/Homburg/Krüger 2015: 27; Keil 2015: 43 ff.; Köppe 2018; Müller/Meltzer 2017; Schumacher 2016: 6 ff.; Schulze 198 f.; STMI 2017a).

Diese konfrontativen Verhaltensweisen sollen dazu dienen, Verwirrung bei den Bediensteten im öffentlichen Dienst zu stiften und sie zu verunsichern. Hier wird gern auf eine vorbereitete Fragensammlung oder nichtexistente beziehungsweise abgeänderte Fachbegriffe zurückgegriffen, um die Mitarbeiter des öffentlichen Dienstes in eine Abwehrhaltung zu bringen. Gerade in vollstreckenden Arbeitsbereichen wie bei Gerichtsvollziehern versuchen *Reichsbürger* oftmals die Durchsetzung der Vollstreckung zu verhindern oder zumindest zu verzögern, indem sie dem Vollzieher illegales Handeln vorwerfen. Einschüchterung durch abstruse Drohungen und das verrückt machen durch eine Anhäufung von sinnfreien Anträgen und Beschwerden führen zu einem verlangsamten oder still gelegten Arbeitsprozess. Somit wird versucht, die Aufmerksamkeit auf sich zu ziehen und die eigene Einstellung kundzutun und zu verbreiten. Auch das Bloßstellen von staatlichen Stellen oder die Provokation deren Mitarbeiter durch die *Reichsbürger* sind Gründe für ihr entsprechendes Verhalten. So erhoffen sie sich durch eine Unachtsamkeit oder durch einen Fehler eines Mitarbeiters Anerkennung für ihre Anschauungen zu erhalten und zum Beispiel eine Beglaubigung ihrer Fantasiedokumente zu erhalten (vgl. BT 2018 3 ff.; Caspar/Neubauer 2015: 95 ff.; Keil 2005: 46 ff.; Schumacher 2016: 78).

Es bleibt zu erwähnen, dass auch Verdachtsfälle bei Beschäftigten von Bundesbehörden existieren. Sowohl bei Polizei, Bundeswehr als auch der Zollverwaltung stehen Mitarbeiter unter Verdacht zum *Reichsbürger*-Milieu zu gehören. Es wurden bereits mehrere Disziplinarverfahren gegen entsprechende Personen eingeleitet (vgl. BT 2018: 10 f.).

5.2 Maßnahmen

Im Zuge der ansteigenden Zahl an Personen, die dem *Reichsbürger*-Milieu zugeordnet werden können, haben verschiedene Institutionen Handreichungen und Informationsbroschüren erstellt. Sowohl bundes-, landesweite als auch kommunale Institutionen wie die Landesämter des Verfassungsschutzes oder landesweite Informationsstellen zählen dazu. Auch interne Empfehlungen für den Umgang mit *Reichsbürgern* werden von den Behörden verbreitet. Viele der Handreichungen sind sowohl für Personen mit Bürotätigkeit als auch für jene, die im Vollzug arbeiten, geeignet. Die Empfehlungen beinhalten Tätigkeiten um die Bereiche wie Bescheidung, Telefonate, persönliche Kontakte, Rechtsbehelfe, Fahreignungsüberprüfung, Beglaubigungen, Geschäfts- und Handlungsfähigkeit und andere. Konkret fallen darunter Hinweise, keine Diskussionen zu führen oder Therapieversuche anzustreben. Sollten die *Reichsbürger* versuchen eine Diskussion zu beginnen, sollten die entsprechenden Mitarbeiter des öffentlichen Dienstes dies mit ihren jeweiligen Mitteln unterbinden bzw. abbrechen. Auch sollte man sich dem Konflikt stellen, jedoch klar nach Dienstweg arbeiten und sich nicht verunsichern lassen durch abwegige Forderungen oder Aussagen. Weisen Schriftstücke oder Aussagen von *Reichsbürgern* einen großen Umfang auf, sollte so knapp wie möglich darauf reagiert werden. Bei Kontakten mit *Reichsbürgern* sind selbstbewusstes Auftreten und aktives, zielgesteuertes Verhalten mit konsequenter Durchsetzung nötig. Auch sollte auf Erklärungen oder Erläuterungen von *Reichsbürgern* nicht großartig eingegangen und somit die Gegenwart im Fokus behalten werden. Mitarbeiter im öffentlichen Dienst sollten auch darauf achten, dass sie nicht die Begrifflichkeiten der *Reichsbürger* übernehmen. Das könnten die Personen des *Reichsbürger*-Milieus als Anerkennung missverstehen. Sollten „strafrechtlich relevante Verhaltensweisen" (Caspar/Neubauer 2015: 136) an den Tag gelegt werden, muss dies den Strafverfolgungsbehörden mittgeteilt werden. Gleiches trifft auf Polizeibeamte zu, sofern diese im Privatbereich auf solche Verhaltensweisen stoßen. Schriftstücke mit rechtsextremen Inhalt sind dem Verfassungsschutz weiterzuleiten (vgl. BIGE; Caspar/Neubauer 2015: 99 ff.; Keil 2015: 84 ff.; LfV; Müller/Meltzer 2017: 6 f.).

Primär bei Bürotätigkeiten wird empfohlen, keine Beglaubigungen von selbst angefertigten Urkunden oder ähnlichem der *Reichsbürger* auszustellen. Auch sollten insgesamt alle Schriftstücke von *Reichsbürgern* an die Polizei weitergeleitet werden. Polizeien sind unter anderen berechtigt, Informationsabfragen über das Nationale Waffenregister (NWR) durchzuführen. Diese Register, welches seit 2013 durch das Bundesverwaltungsamt in Betrieb ist, speichert „[...] alle wesentlichen Informationen zu erlaubnispflichtigen Schusswaffen in privatem Besitz [...]" (BVA b). Bei Unsicherheiten bzgl. des eigenen angemessenen Verhaltens, sollten sich die Mitarbeiter des öffentlichen Dienstes entweder an die Polizei oder an andere Informationsstellen wie der BIGE wenden (vgl. BIGE; BVA a; BVA b; Caspar/Neubauer 2015: 152 f.; LfV).

Polizeibeamte und Gerichtsvollzieher haben hingegen noch weiterführende Handlungsempfehlungen, da hier der Kontakt überwiegend im persönlichen Umfeld des *Reichsbürgers* stattfindet. Grundlegend sollen stets die entsprechenden Dienstausweise mitgeführt werden. Bei persönlichem Aufeinandertreffen seien mindestens zwei Vollzugsbeamte vor Ort erforderlich und Gerichtsvollzieher können ein Amtshilfeersuchen stellen. Es sollte immer mit Schwierigkeiten gerechnet und entsprechende Handlungsabläufe antrainiert werden. Diese betreffen sowohl mentale als auch körperliche Fertigkeiten, die hilfreich in kritischen Lagen sind. In jeglichen Situationen, ob in Kontakt mit einem *Reichsbürger* oder nicht, sei erhöhte Wachsamkeit gefordert und es wird geraten, Fahrtrouten und Gewohnheiten zu wechseln. Auch besteht die Option, persönliche Daten sperren zu lassen, insbesondere dann, wenn einem von *Reichsbürgern* nachgestellt wird. In solchen Fällen ist auch bei einem Verdacht der Vorgesetzte zu informieren. In jeglichen Situationen ist auf „sachgerechtes polizeiliches Handeln [...]" (Müller/Meltzer 2017: 7) Wert zu legen und die „TIT-FOR-TAT-Strategie"[20] (ebd.) anzuwenden. Sollten *Reichsbürger* ohne Erlaubnis der Beteiligten Video- oder Tonbandaufnahmen machen, sollten entsprechende Medien beschlagnahmt werden. Insbesondere bei Verkehrskontrollen ist Achtsamkeit in Bezug auf Gegenstände oder Waffen im Inneren des Fahrzeugs gefordert. Da eine Kontrolle des Wagens bei einer normalen Verkehrskontrolle nicht erlaubt ist, sollte durch einen prüfenden Blick durch die Fenster und das aufmerksame Beobachten des Fahrers durch die Beamten mögliche Gefahren frühzeitig erkannt werden. Ein erhöhtes Gefahrenpotential besteht bei *Reichsbürgern*, welche eine Schizophrenie oder Psychopathie aufweisen. Personen, welche Substanzen missbrauchen, neigen schneller zu aggressiveren Verhaltensweisen (vgl. BIGE; Caspar/Neubauer 2015: 159; Müller/Meltzer 2017: 5 ff.).

Jedoch werden nicht alle Handreichungen, die für einen besseren Umgang mit *Reichsbürgern* gedacht sind, als Hilfe empfunden. Teilweise wird beklagt, dass es reine Informationsbroschüren sind, welche nur Fakten über die Thematik auflisten. Benötigte Handlungsmöglichkeiten bei problematischen Begegnungen mit *Reichsbürgern* werden hingegen vergebens gesucht. In diesen Fällen müssen sich Kommunen selbst helfen und eigene Strategien und Taktiken entwickeln, damit der Umgang mit Personen aus dem *Reichsbürger*-Milieu möglichst reibungslos von Statten geht (vgl. Zuber 2017).

In Ergänzung zu den Handreichungen und Informationsbroschüren werden zum Teil Fortbildungen und Schulungen angeboten. Die Mitarbeiter von Justiz, Staats-

---

[20] Bei dieser Strategie geht es um die eigene Sicherheit und besteht aus zwei Grundsätzen: „1. Sei grundsätzlich freundlich und kooperativ. 2. Sobald der andere beispielsweise unkooperativ oder aggressiv handelt, sofort zur Wehr setzen. Sobald er wieder kooperativ handelt, sei auch wieder kooperativ" (Müller/Meltzer 207: 7). Es wird sich demnach dem Verhalten des Gegenübers angepasst und auf Veränderungen reagiert.

anwaltschaft und anderen lernen den richtigen Umgang mit *Reichsbürgern* und erhalten weitere Tipps für den Berufsalltag. Bei Fachtagungen berichten Experten über die Thematik und anschließend werden die Vorträge zu einem Handbuch zusammengetragen. Ein Beispiel dafür ist das Werk des Brandenburgischen Instituts für Gemeinwesenberatung, welches 2015 ein solches Sammelwerk herausgegeben hat (vgl. LfV; MISSA 2015; Wilking 2015; Zuber 2017).

Problem sind die bereits erwähnten variierenden Umgänge mit dem Thema Rechtsextremismus und *Reichsbürgern*. Es muss im Hinterkopf gehalten werden, dass einige Institutionen primär mit rechtsextremen oder antisemitischen Strukturen beschäftigt sind und somit eventuell eher von einer rechtsextremen Tendenz der *Reichsbürger* überzeugt sind. Zudem werden viele dieser Informationsveranstaltungen bzw. Schulungen in Kombination mit dem Informieren über das Thema Rechtsextremismus verbunden, wodurch der Eindruck entstehen kann, dass das *Reichsbürger*-Milieu per se rechtsextrem sei und keine Differenzierungen bestehen. Es bedarf daher ein kritisches Hinterfragen der gebotenen Informationen, um sich sein eigenes Bild zu schaffen.

6 Konzeption und Methode

Um die Thematik der *Reichsbürger* im Sinne des gewählten Titels zu untersuchen, wurden Interviews mit Mitarbeitern des öffentlichen Dienstes in Bayern geführt. Das verwendete Design, die Stichprobe, die Operationalisierung in Form eines Leitfadens und die Durchführung werden in den folgenden Unterkapiteln beschrieben. Es wird auch auf die Einschränkungen und Grenzen eingegangen, die mit der Entscheidung für das Design oder des Samplings einhergehen.

6.1 Forschungsdesign und Sampling

Die Durchführung von Experteninterviews wurde als die beste Methode erachtet, um das Forschungsthema – Der Umgang mit *Reichsbürgern* im öffentlichen Dienst in Bayern – zu bearbeiten. Der Vorteil bei diesem Design besteht darin, dass eine bestimmte Anzahl an Befragten als Stellvertreter für viele weitere Personen in dieser Situation oder dieser Position fungieren und somit der Arbeitsaufwand reduziert wird. Genauer gesagt wurde sich für ein systematisierendes Experteninterview entschieden. Dieses zielt primär auf „[...] das aus der Praxis gewonnene, reflexiv verfügbare und spontan kommunizierbare Handlungs- und Erfahrungswissen" (Bogner/Littig/Menz 2005: 37) ab. Es geht um eine möglichst umfangreiche Informationsbeschaffung über eine Thematik oder ein Wissen, welches für den Forscher sonst nicht zugänglich ist. Für die Bestimmung der in Frage kommenden Experten wurde dem „methodisch-relationalen Ansatz" (ebd.: 40) der „konstruktivistischen Definition" (ebd.) des Expertenbegriffs gefolgt. Demnach mussten die potentiellen Befragten über bestimmte Informationen zum Thema verfügen und waren nicht zwingend in Führungspositionen zu suchen, sondern auch auf niedrigeren Ebenen der Hierarchie. Es wurde auf technisches (u.a. routinierte Arbeitsabläufe) und Prozesswissen („praktisches Erfahrungswissen" (ebd.: 42)) der Befragten abgezielt, wobei nicht davon ausgegangen werden konnte, dass jeder potentieller Interviewpartner Erfahrung mit Befragungen oder Forschungsarbeit hat. Für das Experteninterview wurde ein ausdifferenzierter Leitfaden generiert (siehe Kapitel 6.2). Probleme beim Durchführen von Experteninterviews liegen in der Rekrutierung der passenden Experten, dem Zeitaufwand, dem vorhandenen Wissen des Interviewers oder der Vertraulichkeit der Informationen und der damit einhergehenden Schwierigkeiten wie Interviewabsagen. Weiter sind Ablehnungen von Tonaufzeichnungen oder auch obligatorische Genehmigungen für ein Interview von der Führungsebene Faktoren, welche das Durchführen eines Interviews erschweren. Die Generalisierung innerhalb der Interviews stellt auch ein Problem dar. Im weiteren Verlauf der Arbeit werden die einzelnen Problemfelder aufgegriffen und in Bezug auf die Studie näher erläutert. Die Befragten werden in ihrer Eigenschaft als Vertreter einer bestimmten Gruppe oder Institution interviewt. Persönliche Eigenschaften oder die Lebensgeschichte stehen dabei nicht im Fokus und sollten bestenfalls außer Acht gelassen werden. Dieser Einflussfaktor sollte so gering wie möglich gehalten werden, da nur die subjektiven Erfahrungen bzgl. der Thematik für das Interview relevant sind (vgl. Flick 2012: 214 ff.; Bogner/Littig/Menz 2005: 7 ff.).

Es wurden insgesamt neun Interviews mit Mitarbeitern des öffentlichen Dienstes geführt. Viele Mitarbeiter hatten direkten Kontakt zu *Reichsbürgern* in Form von persönlichen Gesprächen oder Briefen bzw. Faxen. Nur vereinzelt wurde berichtet, dass kein direkter Kontakt existierte. In diesen Fällen stammen die Informationen entweder von Kollegen, welche den Befragten unterstellt sind, oder die Befragten sind für die Informationsweiterleitung zuständig und haben deshalb einen Überblick über die Situation. Bei den Interviews ohne direkten Kontakten zu *Reichsbürgern* ist zu beachten, dass Einzelheiten eventuell nicht weitergegeben werden oder nicht mehr erinnert werden. Da es sich um die Informationen von anderen handelt, sind die Schilderungen eventuell nicht detailgetreu oder werden anders ausgelegt und begründet.

Die Stichprobe setzt sich aus Personen zusammen, die an folgenden Institutionen angestellt sind: Amtsgericht, Bürgerzentrum, Rathaus, Polizeipräsidium, Kreisverwaltungsreferat, Generalzolldirektion und Generalstaatsanwaltschaft. In fünf Institutionen wurde jeweils ein Interview geführt und in den anderen beiden Institutionen jeweils zwei. Die Befragten wurden in den Städten Regensburg, Augsburg und München rekrutiert. Das Geschlechterverhältnis ist fast ausgewogen im Verhältnis zu der Interviewanzahl. Vier der Interviews wurden mit Frauen, fünf mit Männern durchgeführt. Ein Interview wurde mit zwei männlichen Interviewpartnern geführt. Das durchschnittliche Alter der Befragten beträgt circa 52 Jahre und das Dienstalter beträgt im Schnitt circa 28 Jahre. Dabei beträgt die längste Zeitspanne circa 42 Jahre und die kürzeste circa elf Jahre. Die meisten der Befragten haben während ihrer Anstellung das Arbeitsfeld gewechselt.

6.2 Operationalisierung

Für ein Experteninterview ist ein Leitfaden wichtig, welcher einen möglichst hohen Grad an Informationsgewinnung verspricht. Es werden eher detaillierte Fragen genutzt, um auch spezifische Informationen zu erhalten. Dennoch sollte ein Leitfaden immer offen für neue Informationen gestaltet sein. Im Vergleich zu anderen Interviewdesigns sind Sprünge in der Thematik bei Experteninterviews kein Problem. Der Leitfaden sollte dennoch thematisch strukturiert sein und nicht zu viele Fragen beinhalten (vgl. Helfferich 2011: 178 ff.).

Für die Erstellung des Leitfadens (siehe Anhang B) wurden zunächst alle Fragen gesammelt, welche sich im Laufe der Literaturrecherche ergaben. Diese Fragen konnten beispielsweise dem Interesse halber auf der Liste stehen oder aufgrund von mangelndem Wissen. In diesem Schritt der Leitfadenerstellung fand noch keine Differenzierung der Fragensammlung statt. Diese folgte erst, als keine weiteren Fragen mehr aufkamen. Nun wurden alle Fragen herausgenommen, welche keinen Nutzen für den Forschungsgegenstand hatten oder welche Fakten abfragten. Im Anschluss daran wurden die Fragen thematisch sortiert und es entstanden vier Themenblöcke. Teil eins dient der Einführung ins Thema und beinhaltet allgemein gehaltene Fragen. Teil zwei beschäftigt sich mit Konflikten und Teil drei mit Schulungen und Handreichungen. Der letzte Teil widmet sich kurz rechtsextremen Tendenzen. Die vier Teile sind ähnlich strukturiert. Jeder Teil beginnt mit einer recht allgemein gehaltenen Frage, welche Informationen abfragt und zugleich den Interviewten zum Erzählen animieren sollte. Durch konkrete Nachfragen, welche auch im Leitfaden vermerkt sind, kann ein Stocken des Erzählflusses aufgehalten und das weitere Ausführen der Erzählungen gefördert werden. Sogenannte Steuerungsfragen können in Momenten genutzt werden, wenn die Erzählung des Befragten endet. So hat der Befragte die Möglichkeit Informationen zu teilen, welche vielleicht als unnötig erachtet wurden und nach weiterem Nachfragen dennoch preisgegeben werden. Je nach Teil gibt es unterschiedlich viele Fragen in dem Leitfaden. Der erste Teil enthält fünf, der zweite Teil drei, der dritte Teil zwei und der letzte Teil eine Hauptfrage. Diese Hauptfragen sind jeweils mit konkreten Nachfragen zum Themenschwerpunkt unterstützt. Durch eine Checkliste mit Stichpunkten kann während des Interviews überprüft werden, ob alle Inhalte abgefragt wurden oder noch etwas fehlt.

6.3 Feldzugang

Für den Feldzugang wurde eine Liste mit Institutionen des öffentlichen Dienstes erstellt, welche durch ihre Tätigkeiten voraussichtlich mit *Reichsbürgern* in Kontakt stehen. Hilfreich dafür waren Medienberichte und andere Dokumente, welche sich mit *Reichsbürgern* im Kontext öffentlicher Stellen auseinandersetzen. Potentielle Institutionen waren demnach Amts-, Land-, Verwaltungsgerichte, Bürgerzentren, Rathäuser, Kreisveraltungsreferate, Stadtverwaltungen, Finanzämter, Polizeipräsidien, Gerichtsvollzieher, das Bayerische Staatsministerium der Justiz, Staatsanwaltschaften und das LfV Bayern. Die Kontaktaufnahmen liefen über E-Mail und es wurden die Kontaktdaten genutzt, welche auf den jeweiligen Homepages der Institutionen veröffentlicht waren. Einzige Ausnahme war der Pretest. Für dieses Interview konnte auf eine Bekannte der Autorin zurückgegriffen werden und diese leitete die Kontaktdaten weiter. Durch das Kontaktieren per E-Mail konnten entweder bestimmte Bereiche innerhalb einer Institution angeschrieben werden oder nur die Pressestelle bzw. der allgemeine Posteingang, wo die Mails intern an die entsprechenden Stellen weitergeleitet werden mussten. Die E-Mails waren alle gleich strukturiert. Sie hatten alle dasselbe Anschreiben (siehe Anhang A), in welchem die Hintergründe und Struktur des Interviews erläutert wurden. Auch Angaben zum Datenschutz und Zeitaufwand wurden gemacht. Im Anhang befand sich ein Empfehlungsschreiben der betreuenden Dozentin, welche den Auftrag zur Anfertigung einer Masterarbeit zu dem Thema bestätigte und eine Teilnah-me an der Befragung befürwortete. Anhand der Rückläufe konnte die Stichprobe weiter eingegrenzt werden. Von vielen konnte überhaupt keine Rückmeldung verzeichnet werden, andere hingegen antworteten mit Absagen. Gründe für eine negative Antwort waren primär fehlende Zeit, keine vorliegenden Informationen bzw. Kontakte mit *Reichsbürgern*, keine Herausgabe von Informationen aufgrund der Datenschutzbestimmungen oder allgemein keine Unterstützung von Masterarbeiten. Die Rekrutierung von Interviewpartnern begann vor der Feldphase und wurde parallel zur Feldphase fortgesetzt, da die Rückmeldungen auf die Anfragen zumeist mit größeren zeitlichen Abständen eingingen. Die große Zahl an Absagen machte es schwierig, die geforderte Zahl von mindestens acht Interviews zu erreichen. Drei der neun Interviewpartner hatten zunächst eine Teilnahme abgelehnt. Gründe waren zum einen mangelnde Zeit und zum anderen ein Meinungswechsel. Die Interviewkandidaten, die aufgrund fehlender Zeitkapazität absagten, stimmten bei weiterem Nachfragen einem Interview zu, da zu jenem Zeitpunkt ein Interview zeitlich doch möglich war. Der Meinungswechsel der potentiellen Interviewkandidaten von einer positiven zur einer negativen Antwort entstand daher, dass die Führungsebene beschlossen hatte, dass die abgefragten Informationen im Internet zu finden seien und daher kein Interview nötig sei. Nach weiterem Nachfragen und Erläuterungen, dass ein Interview durchaus zur Klärung einiger Fragen wichtig wäre, wurde einem Interview schließlich zugesagt.

6.4 Feldphase

Die Feldphase begann am 10.11.2017 mit dem Pretest und endete am 16.03.2018. Da bei dem Pretest der Leitfaden inhaltlich nicht geändert, sondern lediglich um eine Frage gekürzt wurde, konnte das Interview mit in die Auswertung aufgenommen werden. In dem Zeitraum wurden insgesamt neun Interviews geführt. Davon fanden die ersten beiden im Jahr 2017 statt und die restlichen recht gleichmäßig verteilt von Januar bis März 2018. Acht der neun Interviews wurden persönlich geführt. Eine Person wurde über Telefon befragt, da ein persönliches Treffen nicht möglich war. Die persönlich geführten Interviews fanden entweder in den Büros der Befragten oder in Besprechungsräumen statt. Das telefonische Interview wurde sowohl von Seiten des Befragten als auch von Seiten des Interviewers zuhause geführt. Die befragte Person hatte zu jenem Zeitpunkt Urlaub, was keinen anderen Ort ermöglichte. Drei der neun Interviews durften nicht aufgezeichnet werden. In diesen Fällen wurden während des Interviews Notizen erstellt. Nach Beendigung des Interviews wurden die Notizen ergänzt durch die Informationen, welche aus dem Gespräch gemerkt wurden, jedoch nicht niedergeschrieben werden konnten.

Die Interviews wurden immer mit einem Interviewer und einem Interviewten geführt. Ausnahme war Interview E, da dort zwei Personen befragt wurden. Bis auf die Kontaktaufnahme per Mail und die Terminabsprache, die entweder auch per Mail oder telefonisch stattfand, gab es vor dem Interviewtermin keine Absprachen. Da manche Befragten sich angemessen auf das Interview vorbereiten wollten, wurde diesen auf Nachfragen der Leitfaden zugesendet. Bei den Interviews B, E, G und I lagen den Interviewkandidaten der Leitfaden vor der Befragung vor. Die Interviews dauerten im Schnitt 35 Minuten. Das längste umfasst circa 50 Minuten und das kürzeste circa 20 Minuten.

Nach der Begrüßung wurde sich zunächst für die Teilnahme am Interview bedankt und das weitere Vorgehen erläutert. Darunter fiel auch das Aufklären, dass das Interview aufgenommen werden solle. Eine Datenschutzerklärung, welche das Aufnehmen des Gesprächs erlaubt und die Anonymisierung der Daten beim Niederschreiben beinhaltet, wurde jedem Befragten zur Unterschrift vorgelegt. Im Anschluss daran wurde das Tonband angestellt und das Interview mit Hilfe des Leitfadens geführt. Nach Beendigung des Interviews wurde die Tonbandaufnahme gestoppt und sich bei dem Befragten für die Teilnahme bedankt. In den meisten Fällen wurde nach Abschluss des Interviews im Schnitt noch zehn Minuten über das Thema *Reichsbürger* und das weitere Vorgehen geredet. Bei den Interviews ohne Tonaufnahme wurde die Datenschutzerklärung so verändert, dass die Phrasen mit der Tonaufnahme gestrichen wurde und nur die Anonymisierung der Daten enthalten war. In einem Fall wurde eine unterschriebene Datenschutzerklärung des Interviewers verlangt.

7 Auswertung

Die Auswertung des Interviewmaterials erfolgte mittels der Qualitativen Inhalts-analyse nach Mayring. Die Interviews wurden zunächst transkribiert und im An-schluss anonymisiert. Fokus der Transkription lag auf dem Inhalt und weniger auf den sprachlichen Mitteln. Kurze Pausen oder Stimmlagenwechsel wie auch „äh" oder Ähnliches wurden außer Acht gelassen. Längere Pausen oder als wichtig er-achtete Reaktionen wurden hingegen von der Autorin in Klammern hinzugefügt. Ergänzungen oder Begriffe, die aufgrund der Anonymisierung durch die Autorin verändert wurden, wurden durch kursive Schrift verdeutlicht. Gesprochene Dia-lekte wurden miterfasst und nicht in Schriftdeutsch niedergeschrieben. Zur Un-terstützung des Transkriptionsprozesses wurde die Transkriptionssoftware *easy-transcript*[21] verwendet.

Vorteil der Qualitativen Inhaltsanalyse nach Mayring ist die Transparenz der Vor-gehensweise. Außenstehende können den Analyseprozess nachvollziehen, da er in einzelne Schritte unterteilt ist. Mayring differenziert drei Arten des Interpretie-rens: „[...] Zusammenfassung, Explikation und Strukturierung" (Mayring 2015: 67). Ein zusammenfassendes Interpretieren führt zu einem Überblick über die Inhalte des analysierten Materials, indem eine Reduktion vorgenommen wird. Bei der Explikation wird zur Klärung einzelner Textstellen unter Umständen weiteres Material hinzugezogen, um ein größtmögliches Verständnis für die entsprechen-den Passagen zu entwickeln. Die letzte Art, die Strukturierung, zielt auf bestimm-te Inhalte der Textmaterialien ab. Zuvor festgelegte Kriterien unterstützen das systematische Herausfiltern der erwünschten Informationen und deren Einschät-zung (vgl. ebd.: 61 ff.).

7.1 Vorgehen bei der Datenauswertung

Für die Auswertung der vorliegenden Interviewmaterialien wurde sich für eine zusammenfassende Inhaltsanalyse entschieden, um sich einen allgemeinen Über-blick über die Situation zu verschaffen. Das Textmaterial wird auf das Wichtigste reduziert und im Anschluss werden Kategorien gebildet. Durch diese Reduktion soll die Textmenge verringert werden, die Kerninformationen jedoch erhalten

---

[21] Dies ist eine kostenfreie Software, welche vergleichbare Funktionen zu der weit verbreiteten Software *f4* hat.

bleiben. Durch eine induktive Kategorienbildung wird unerwarteten Kategorien offen gegenübergestanden (vgl. ebd.: 65 ff.).

Die Daten wurden mit Hilfe der Datenanalysesoftware *QCAmap*, welche eigens für die Qualitative Inhaltsanalyse entwickelt wurde, ausgewertet. Diese Software, bei dessen Entwicklung Mayring persönlich involviert war, unterstützt den Auswertungsprozess und legt zu Beginn Auswertungsparameter fest. Nach der Eingabe von Forschungstitel, -frage und Auswertungsmethode, wurden Kodiereinheiten festgelegt. Die kleinste Kodiereinheit in diesem Fall wurde auf einen Satz, die größte auf einen Absatz festgelegt. Im ersten Schritt wurde das gesamte Textmaterial durchgegangen und paraphrasiert. Wichtige Textstellen wurden somit extrahiert und irrelevante Textstellen nicht weiter beachtet. Mit der Generalisierung B-G wurden die Paraphrasen B-P auf ein ähnliches Abstraktionsniveau gehoben, ergo die Textstellen verallgemeinert. Das Abstraktionsniveau wurde festgelegt als möglichst allgemeine, aber fallspezifische Äußerungen über die Kontakte und den Umgang mit *Reichsbürgern*. Beispielsweise wurde aus der Paraphrase „Ziemlich aufwendige Verfahren, jede Menge Papier. Wir werden überrollt mit Schreiben, zig Seiten. Wirre Schriftsätze, offensichtlich abgeschrieben von anderen *Reichsbürgern*" folgende Generalisierung: „Aufwendige Verfahren, viele lange Schreiben. Offensichtlich abgeschrieben von anderen *Reichsbürgern*". Im nächsten Schritt fand die erste Reduktion statt. Sich wiederholende oder ähnliche Generalisierungen werden gebündelt und unter einer Kategorie B-R zusammengefasst. Sinngleiche Generalisierungen wurden als unwichtig markiert und nicht weiter beachtet. Die erste Reduktion fand über das gesamte Material und nicht separat für jedes Interview statt. Die Befragten gaben zum Teil stark abweichende Antworten und führten sehr unterschiedliche Beispiele auf. Aufgrund dessen wären bei separaten Reduktionen eine Vielzahl an Kategorien entstanden und die darauffolgende Reduktion wäre verhältnismäßig aufwendig geworden. Daher wurden die Kategorien nach dem ersten Durchgang nochmals stärker angepasst, verallgemeinert und überflüssige Kategorien gelöscht, um bereits in der ersten Reduktion eine übersichtliche Anzahl von Kategorien zu erhalten. Dies ist der Grund, weshalb die Nummerierung der Kategorien der ersten Reduktion nicht fortlaufend ist. Kategorien, welche im Nachhinein gelöscht wurden, wurden von der Software nicht durch die nachfolgenden Kategorien ersetzt. Die ungewöhnliche Länge der Kategorien liegt in ebendieser Verfahrensweise begründet. Dieser Teil der Auswertung ist in einer Tabelle zusammengefasst. Die zweite Reduktion erfolgte nach dem gleichen Prinzip wie auch die erste. Die bereits bestehenden Kategorien wurden wie schon die Paraphrasen generalisiert und in übergreifende Kategorien R' zusammengefasst.

Insgesamt entstanden 12 Kategorien, welche das gesamte Interviewmaterial zusammenfassen.

7.2 Kategorienbildung und -darstellung

Für ein besseres Verständnis soll das Erstellen einer Kategorie anhand eines Beispiels dargestellt werden. Die Kategorie R'2 „Sicherheitsmaßnahmen" umfasst Aussagen der Interviewpartner zu Sicherheitsmaßnahmen für den Umgang und Kontakt mit *Reichsbürgern*. Innerhalb der Interviews äußerten sich mehrere Befragte zu diesem Thema. Beispielhaft seien hier die Interviews A und B genannt, welche in Auszügen in Tabelle 1 dargestellt sind. Die Spalten geben von links nach rechts folgende Daten an: das Interview, die Seite der Paraphrase, die Paraphrasennummerierung, die Paraphrase, die Generalisierungsnummerierung, die generalisierte Paraphrase, die Kategoriennummerierung und die Kategorie der ersten Reduktion. In Interview A werden primär spezifische Sicherheitsmaßnahmen und fehlende Kontrolle während Sitzungen thematisiert, was nach der Generalisierung in die Kategorie B-R6 zusammengefasst wurde. Diese lautet: „Spezielle Sicherheitsmaßnahmen: Verhalten nicht vorhersehbar. Zugangs- u. Personenkontrollen, Handyabnahme (Verhinderung Filmaufnahmen), Polizei vor Ort. Präventivmaßnahmen. Ausmaß abhängig von erwarteten Verlauf. Sitzungspolizeiliche Verfügung, Anordnungen. Alle Möglichkeiten nutzen. Immer zu zweit bei Gesprächen.". Es sei darauf hingewiesen, dass noch weitere Generalisierungen in diese Kategorie gefallen, weshalb diese Kategorie noch zusätzliche Aspekte beinhaltet. Interviewkandidat B spricht in diesem Kontext primär von persönlicher Sicherheit, was unter anderen in der Kategorie B-R64 „Versch. Maßnahmen für persönl. Sicherheit, Vorsicht mit öffentl. Auftreten und persönl. Daten" zusammengefasst wurde (siehe Tabelle 1).

Interview	P-Id	Paraphrase	G-Id	Generalized paraphrase	R1-Id	1st reduction category
A	B-P19	Seit der Vorfall ich glaub' in Kaufbeuren war, wo so 'ne Akte gestohlen worden ist, hab'n wir besondere Sicherheitsmaßnahmen, wenn wir Verfahren gegen Reichsbürger terminieren, 'ne Sicherheitsverfügung. Das heißt alle, die in den Sitzungssaal gehen, werden vor'm Sitzungssaal durchsucht. Handys werden ihnen abgenommen, um auch zu verhindern, dass die filmen.	B-G18	Seit dem Vorfall mit Aktendiebstahl besondere Sicherheitsmaßnahmen bei Verfahren gegen Reichsbürger. Alle im Sitzungssaal werden vorher durchsucht. Handyabnahme zur Vermeidung von Filmaufnahmen.	B-R6	Spezielle Sicherheitsmaßnahmen: Verhalten nicht vorhersehbar. Zugangs- u. Personenkontrollen, Handyabnahme (Verhinderung Filmaufnahmen), Polizei vor Ort. Präventivmaßnahmen. Ausmaß abhängig von erwarteten Verlauf. Sitzungspolizeiliche Verfügung, Anordnungen. Alle Möglichkeiten nutzen. Immer zu zweit bei Gesprächen.
A	B-P20	Weil ich kann des im Zuge der Verhandlung nicht kontrollieren, ob die jemand filmt. 'Ne Kamera an der Jacke oder am Kragen is' ja eigentlich gar nicht möglich, dass ich das mitkrieg, wenn ich mit dem Verfahren beschäftigt bin.	B-G19	Kontrolle, ob während Verhandlung gefilmt wird, nicht möglich.		

Interview	P-Id	Paraphrase	G-Id	Generalized paraphrase	R1-Id	1st reduction category
B	B-P133	Bislang kein privater Kontakt. Man muss in der Position eines Staatsanwalts oder Richters generell vorsichtiger sein mit seinem Auftreten in der Öffentlichkeit. Man sollte seine Konten in den sozialen Medien diskret gestalten. Und vielleicht 'ne Registersperre beim Einwohnermeldeamt anstreben.	B-G132	Kein privater Kontakt. Als Staatsanwalt oder Richter generell vorsichtiger sein mit Auftreten in der Öffentlichkeit.	B-R64	Versch. Maßnahmen für persönl. Sicherheit, Vorsicht mit öffentl. Auftreten und persönl. Daten.
B	B-P134	Bestimmte Punkte, wo man mit seinen persönlichen Daten vorsichtiger umgehen sollte. Was aber nichts mit Reichsbürgern, Selbstverwaltern oder ähnlichem zu hat.	B-G133	Mit seinen persönlichen Daten vorsichtig umgehen unabhängig von Reichsbürgern		

Tabelle 1: Erster Durchgang der Zusammenfassung (Ausschnitt)

Die beiden entstandenen Kategorien wurden neben anderen im zweiten Durchgang zusammengefasst und die Kategorie R'2 resultierte daraus. Dieser Schritt ist in Tabelle 2 dargestellt.

R1-Id	1st reduction category	R2-Id	2nd reduction category
B-R6	Spezielle Sicherheitsmaßnahmen: Verhalten nicht vorhersehbar. Zugangs- u. Personenkontrollen, Handyabnahme (Verhinderung Filmaufnahmen), Polizei vor Ort. Präventivmaßnahmen. Ausmaß abhängig von erwarteten Verlauf. Sitzungspolizeiliche Verfügung, Anordnungen. Alle Möglichkeiten nutzen. Immer zu zweit bei Gesprächen.	B-R'2	Sicherheitsmaßnahmen
B-R64	Versch. Maßnahmen für persönl. Sicherheit, Vorsicht mit öffentl. Auftreten und persönl. Daten.		

Tabelle 2: Zweiter Durchgang der Zusammenfassung (Ausschnitt)

Die dargestellte Vorgehensweise wurde für die Erstellung aller Kategorien verwendet. Die Tabellen 1 und 2 stellen nur Ausschnitte dar.

Für eine Übersicht der Auswertungsergebnisse sind die Kategorien und ihre Beschreibungen in Tabelle 3 aufgelistet. Die Autorin entschied sich für eine stichpunktartige Aufzählung der Inhalte, um einen schnellen Überblick zu erhalten. Dabei bleibt zu beachten, dass die Reihenfolge der Stichpunkte nicht die Relevanz der Inhalte angibt. Die Stichworte dienen lediglich der Beschreibung der entsprechenden Kategorien.

Kategorie	Bezeichnung	Beschreibung
R´1	Auftreten der *Reichsbürger* gegenüber Mitarbeitern i. öffentl. Dienst	*Reichsbürger* als lästig/nervig/ärgerlich/geistig verwirrt/manchmal unheimlich empfunden, weil • Äußerungen nicht nachvollziehbar • Arbeit aufhalten/zeitaufwendig u. überflüssig • beratungsresistent sind • viele lange Schreiben • diskussionsfreudig, penetrant, eloquent • keine Reaktion/Kommunikation • bleiben ruhig u. wiederholen sich • nutzen unbekannte Begriffe • pseudojuristische Pamphlete in gleichem Muster • Verhalten nicht vorhersehbar *Reichsbürger* meist temporär aktiv, teils plötzliches Einschlafen der Kontakte; geringer Arbeitsaufwand i. Vgl. zu restlichen Tätigkeiten Häufig genannte Schlagworte: aufwendig/zeitintensiv, Nichtanerkennung BRD & Behörden, schwierige Kunden, Vielschreiberei Ungewöhnlich, wenn auf Aufforderungen reagiert wird/*Reichsbürger* einen Verteidiger haben (positiver Einfluss)
R´2	Sicherheitsmaßnahmen	Spezifische Maßnahmen wie diverse Kontrollen, polizeil. Unterstützung, Präventivmaßnahmen je nach erwarteten Verlauf Versch. Maßnahmen für persönl. Sicherheit: • Vorsicht mit persönl. Daten & öffentl. Auftreten • versch. Trainings im Umgang mit schwieriger Kundschaft (zukünftig alle mit Kontakt zu *Reichsbürgern*) • immer zu zweit in Gespräch Generell verschärfte Sicherheitskontrollen u. Anschaffung v. Notfallknöpfen; nicht wegen *Reichsbürgern* Meldung an Polizei u. offene Bürogestaltung ausreichend Flexibel auf Veränderungen reagieren; nicht möglich alle Probleme zu verhindern

Kategorie	Bezeichnung	Beschreibung
R´3	Vorfälle & Probleme	Begegnungen konflikträchtig bzw. mehr/weniger konfrontativ; mittlerweile nicht mehr so konfliktbelastet Teils Anspannung/Bedenken bei Antreffen von *Reichsbürgern* Selten/keine Vorfälle; vermeiden mit Vorbereitungen Probleme: • Wehren sich bei jeglichen Forderungen ($\rightarrow$ Zwangsmaßnahmen) • Nehmen Staatsleistungen ohne Gegenleistung in Anspruch • Halten Parteiverkehr auf • Unerlaubte Tonaufnahmen inkl. Veröffentlichungen • Aufwendige Verfahren (unangemessenes Verhalten, ignorieren Pflichtverteidiger) • Vielschreiberei (teils kopiert, fiktive Rechnungen, Malta-Masche) • Psychoterror Häufige Delikte: (versuchte) Nötigung, versuchte Erpressung, Verweigerung v. Zahlungen, gefälschte Dokumente; keine spezif. Deliktsgruppe; alles verfolgt; Rückgang durch konsequentes Ausstellen v. Strafbefehlen Gr. Kommunen besseren Umgang als kleinere, da mehr erfahrene Leute Gegenden m. aktiver Szene: Cham, Schwäbische Alb
R´4	Empfohlener Umgang	Empfohlenes Verhalten wird angewandt/wurde selbstständig entwickelt: • keine Diskussionen, stringenter Umgang, knapp abhandeln • Ignorieren Aussagen bzgl. fehlender Legitimität • angemessene Vorbereitung • auf Wortwahl achten • nur Kenntnisnahme u. Rücksendung der Schriftsätze • kein Abstammungsvermerk • Meldung an Polizei mittels Formular • wenn aggressiv, sofortige Reaktion • bei erhöhtem Gefahrenpotential: Polizei einschalten • gemeins. Absprache im Vorfeld • vorsichtig sein, aber normal behandeln

Kategorie	Bezeichnung	Beschreibung
		• möglichst im Büro • Gute Regelungen/Präventivmaßnahmen vorhanden Psycholog. Betrachtung wichtig, da teils narzisstische Züge Differenzen zw. Ländern im Umgang mit *Reichsbürgern*
R´5	Entwicklungen	Kein neues Phänomen (seit 20/25 Jahren existent), aber Intensität, Aufwand u. Umgang verändert; Ablehnung BRD heute intensiver Früher: als Spinner bezeichnet, aber bereits typ. Verhalten (auch heute teilweise noch) Divergente Angaben bzgl. Entwicklungen: • Seit Vorfällen erhöhte Wachsamkeit, stärkeres Sicherheitsbewusstsein, Polizei hinter Gruppierung her, auffallend weniger, veränderte politische Wahrnehmung, Behörden mit Infos aktiver, dennoch • ansteigendes Datenaufkommen, stetiger und langsamer Anstieg (Hellfeld je nach Personallage/Abarbeitungsstand), vermehrt Amtshilfeersuchen; trotzdem deutliche Abnahme. • Mehr schwierige Verfahren und mehr Zeitaufwand • Anfangs viel Zeit investiert, später direkt Ablage • Insg. ruhiger, in Anfangszeit intensiver, einfacher geworden, vereinzelt kein Thema mehr; mögliche Gründe: Ausweichen auf andere Ämter, umgestellte Praxis • Vermehrter Erfahrungsaustausch d. *Reichsbürger* im Internet, beschleunigt Verbreitung, seit ca. 1,5 Jahren stabil, Internetpranger zunehmend Steigende Anzahl an Informationsquellen für den Umgang mit *Reichsbürgern*, auch Arbeitsgruppen Darstellung in Medien nicht der Realität entsprechend; immer stärkeres öffentl. Interesse → fühlen sich ernstgenommen; derzeit geringe Berichterstattung

Kategorie	Bezeichnung	Beschreibung
R'7	Politische Ausrichtung	Keine eindeutige Zuordnung Tendenziell eher rechts (Presse, ideolog. Überschneidungen), aber auch links existent Ablehnung d. Aussage, alle *Reichsbürger* seien rechts, weil • auch Mitläufer, Esoteriker • keine pauschale Aussage möglich • lehnen Drittes Reich ab, Stand Weimarer Reichsverfassung entscheidend • Ausländer kein Thema/Grenzen keine anderen Personen aus Einzelfallbetrachtung notwendig Manche rechtsorientiert, aber geringerer Teil; extremistisch angehauchte Sichtweisen existent Mitglieder m. rechter Einstellung können in nicht-rechter Gruppe sein Definition Rechtsextremismus d. Befragten (stark variierende Angaben): • Ausländerfeindlichkeit, -hass • typ. Parolen, aggressive Wortwahl • Rassismus • teils Optik • sympathisieren m. nationalsozialist. Gedankengut • teils Differenzierung zw. rechtsradikal (nationale Einstellung, Glorifizierung autoritär geführten Staates) u. -extrem (mit gewalttätigen Mitteln legitimiert) • Polizei eigene Definition (spezifischere Kriterien); Definition Verfassungsschutz inkl. Gefahrenpotentialabwägung
R'8	Kontakte	Erste Kontakte: zw. 2006 und 2013, meisten um 2012 Kein privater Kontakt/Kontakt zu *Reichsbürgern*, die ersichtlich rechte Einstellungen Besondere Berufsgruppen vermehrt Kontakt (Vollstreckung, Ortsbehörden u.a.) Bewusste Personenkontrollen bei *Reichsbürger*-Treffen Verwaltung: Toleranz gegenüber Kleinigkeiten, teils Grenze erreicht Führungsebene übernahm Gespräche mit *Reichsbürgern* (als Umgang klar, Übergabe an Sachbearbeiter)

Kategorie	Bezeichnung	Beschreibung
R´9	Gewalt	Keine/selten Gewaltandrohungen/-handlungen, nicht alle gewaltbereit Gefährdungspotential u. verbale Aggression vorhanden Teils keine Eskalationsgefahr; keine Angst vor Übergriffen Affinität zu Waffen, aber allg. zunehmende Gewaltbereitschaft d. Gesellschaft Einordnung in Politisch Motivierte Kriminalität (PMK), dort extremistisch Radikalisierung: • in Gruppe einfacher zu erkennen • 2015 - Anfang 2017 erhebliche Radikalisierung, dann Rückgang • insg. weniger Bedrohungspotential Keine Angaben zu Gewalt an Polizisten; Regelung: keine Einstellung nach Opportunitätsgründen bei Konflikten
R´10	Informationsangebot	Gute Regelungen u. Präventivmaßnahmen vorhanden Steigende Anzahl an Informationsquellen für Umgang, Arbeitsgruppen Schulungen & Handreichungen hilfreich, teils keine persönl. Teilnahme (Kollegen), Infos ähnlich zu eigenen/Erfahrungen Teils Dienstbesprechungen ausreichend, teils Infos in Intranet Teils Schulungen nur für bestimmte Professionen/Führungsebene Erfahrungen von anderen hilfreich Zumeist keine Verbesserungsvorschläge
R´11	Kritik	Frühere Reaktion notwendig gewesen, keine Infos verfügbar, als sie gebraucht wurden; erst nach Vorfällen Reaktion d. Ministeriums sehr spät (2-3 Jahre benötigt), Infos sehr dürftig Teils kein Schulungsangebot, Schulung v. BIGE sehr allgemein → Umgang/Situation als enttäuschend/unverständlich bezeichnet Absprache v. großen Kommunen zur Informationsgewinnung sinnvoll gewesen Erwünschte Änderungen: • Straftatbestand bzgl. Verwaltungsterror • mehr Vernetzung bzgl. Informationsaustausch (auch auf kommunaler Ebene)

Kategorie	Bezeichnung	Beschreibung
R´12	Erkennungsmerkmale von *Reichsbürgern*	Spezifische Verhaltens- u. Ausdrucksweise (teils abweichend): • Argumentationen/Aussagen: Nichtanerkennung d. BRD (allumfassendes Merkmal), nur best. Formulare mit best. Formulierungen richtig, Begriff "wohnhaft" problematisch, Rechtslage vor Weimarer Verfassung gewollt etc. • Schriftsätze, (pseudojuristische) Argumentation, kaum persönl. Erscheinen, schriftl. Kontakt (Mail, Fax, Post), eigene Dokumente • Nicht durch Aussehen erkennbar (1x bejaht) • Standard-Phrasen
R´13	Demographische Merkmale & Motivationen	Existenzgefährdete Personen, auch aus Gesellschaftsmitte, Esoteriker Altersstruktur: Meistens zw. Mitte 30 und über 50 Jahren. Wenig Junge. Tendenz überwiegend in 50er und älter. Geschlechterverhältnis: unterschiedl., mal mehr Frauen oder mehr Männer, mal ausgeglichen, teils Frauen angestiftet oder insg. keine Angaben Versch. Gründe für Anschluss: • ideologische • finanzielle (zunehmende Geschäftemacherei, Steuern/Zahlungsvermeidung) • politische • persönliche (Frust, Flucht vor Problemen, Anerkennung in Gruppe, Enttäuschung über Lebenserfahrung) • Verschwörungstheorien

Tabelle 3: Auflistung und Beschreibung der Kategorien

Kategorie R'1 umfasst alle Aspekte bezüglich des Auftretens der *Reichsbürger* gegenüber Mitarbeitern im öffentlichen Dienst. Sowohl das Verhalten der *Reichsbürger*, als auch die subjektiven Wahrnehmungen werden in dieser Kategorie inkludiert. In Kontakt zu den öffentlichen Stellen stehen sowohl *Reichsbürger*, *Selbstverwalter* als auch *Germaniten*. Eine genaue Differenzierung ist nicht möglich und zusätzlich sind Personen der Esoterik-Szene präsent. Auffallend ist, dass sich die *Germaniten* bewusst von den *Reichsbürgern* abgrenzen. Es sind sowohl Gruppen als auch Einzelpersonen vertreten, wobei diese nicht als einheitliche Bewegung eingestuft werden. Vielmehr stellen sie eine heterogene Gruppierung ohne Strukturierung dar, in welcher der jeweilige Stand in der Hierarchie der Gruppe nicht ersichtlich ist. Des Öfteren wird die Vermutung geäußert, dass es sich primär um Mitläufer handelt. Für die Mitarbeiter im öffentlichen Dienst erscheinen die *Reichsbürger* wegen ihrer Verhaltensweisen nervig, geistig verwirrt oder gar unheimlich. Interviewkandidatin A sagt beispielsweise: „Und also sie nerven halt, weil sie so viel schreiben". Auch Interviewkandidat C äußert: „Is' ärgerlich, weil die auf unsere Argumentation nicht eingeh'n [...]". Vielschreiberei, Wiederholungen der gleichen Argumentation, Nutzen unbekannter Begrifflichkeiten oder allgemein der hohe Zeitaufwand sind Aspekte, welche von den Mitarbeitern im öffentlichen Dienst als negativ wahrgenommen werden. Interviewkandidatin A stellt die Vermutung an, „[...], dass die des gar nicht so im Einzelnen verstehen, was in diesen ganzen Schreiben da steht. Mangels Geschichtskenntnisse". Die Äußerungen oder Forderungen der *Reichsbürger* sind zum Teil nicht nachvollziehbar und des Öfteren kommt von Seiten der *Reichsbürger* erst gar keine Reaktion auf Strafbefehle oder andere Forderungen. Es werden teils pseudojuristische Schriftsätze eingereicht sowie eigene Dokumente mit spezifischen Kennzeichen (z. B. Fingerabdrücke aus Blut) erstellt wie unter anderen Personenstandserklärungen. *Reichsbürger* werden als diskussionsfreudige, penetrante, beratungsresistente und teils eloquente Personen wahrgenommen. Zudem wird das Verhalten teilweise als unvorhersehbar eingestuft. *Reichsbürger* sind meist temporär aktiv und teilweise wird von plötzlichem Kontaktabbruch gesprochen. Interviewkandidat I äußert sich dazu wie folgt: „Erstaunlicherweise is' das von einem Tag auf den ander'n Tag eingeschlafen". Im Vergleich zu den restlichen Tätigkeiten der Mitarbeiter im öffentlichen Dienst bilden die *Reichsbürger* nur einen kleinen Teil mit geringem Arbeitsaufwand. Häufig genannte Schlagworte sind aufwendig bzw. zeitintensiv, Nichtanerkennung der BRD und deren Behörden, schwierige Kunden und Vielschreiberei. *Reichsbürger* verhalten sich ungewöhnlich, wenn sie auf Forderungen seitens der Behörden und deren Mitarbeiter reagieren oder sich selbstständig um einen Verteidiger vor Gericht bemühen. Der Verteidiger kann somit positiv auf den Ablauf des Verfahrens einwirken.

Sämtliche Aspekte bzgl. Sicherheitsmaßnahmen werden in der Kategorie R'2 zusammengefasst. Spezifische Maßnahmen im Umgang mit *Reichsbürgern* sind laut Befragten Personen- und Zugangskontrollen, polizeiliche Unterstützung sowie Präventivmaßnahmen in Form von Anordnungen oder ähnlichem. Insbesondere die Vorfälle mit dem getöteten Polizisten und dem Aktendiebstahl lösten die Etablierung verstärkter Sicherheitsmaßnahmen aus. Interviewkandidatin A äußert diesbezüglich: „Seit der Vorfall ich glaub' in Kaufbeuren war, wo so 'ne Akte gestohlen worden ist, hab'n wir besondere Sicherheitsmaßnahmen, wenn wir Verfahren gegen *Reichsbürger* terminieren, 'ne Sicherheitsverfügung". Das bereits erwähnte unvorhersehbare Verhalten der *Reichsbürger* ist mitunter Grund für die erhöhte Wachsamkeit. Verschiedene Maßnahmen für die persönliche Sicherheit sind vorsichtiger Umgang mit persönlichen Daten und Achtsamkeit bei dem eigenen öffentlichen Auftreten beispielsweise in sozialen Medien. Spezielle Trainings und Selbstverteidigungskurse dienen gerade Vollstreckungsbeamten beim Umgang mit schwierigen Kunden. In dieser Hinsicht ist eine Änderung geplant. Zukünftig solle laut Interviewkandidatin G jeder an Trainings teilnehmen, die in ihrem Berufsfeld mit *Reichsbürgern* Kontakt haben. Gespräche mit *Reichsbürgern* sollen bevorzugt mit einem weiteren Kollegen geführt werden. Relativierend ist zu sagen, dass generell die Sicherheitskontrollen verschärft wurden und dies nicht im direkten Zusammenhang zu *Reichsbürgern* steht. Gleiches gilt für die Anschaffung von Notfallknöpfen. Viele der Befragten sehen einen Nutzen darin und die Knöpfe sind bereits in der Anschaffung, aber auch dort nicht primär aufgrund der *Reichsbürger*. Vergleichbare Vorrichtungen zu den Notfallknöpfen sind meistens nicht vorhanden und teilweise wird kein Bedarf an weiteren Sicherheitsmaßnahmen gesehen. Grund dafür sind zum einen eine offene Bürogestaltung, wodurch die Mitarbeiter nie allein mit *Reichsbürgern* in Kontakt treten. Zum anderen melden alle Angestellten im öffentlichen Dienst der Polizei, welche Personen den *Reichsbürgern* zugeordnet werden können. Letztlich muss auf das Verhalten der *Reichsbürger* immer reagiert werden und es ist Flexibilität in Bezug auf Veränderungen gefragt. Trotz allem können nicht alle Probleme verhindert werden.

Kategorie R'3 beschreibt Vorfälle und Probleme im Kontext *Reichsbürger*. Begegnungen mit *Reichsbürgern* sind in vielen Fällen konfrontativ und konfliktbelastet, jedoch hat sich die Situation im Laufe der letzten Zeit deutlich beruhigt. In vier Fällen wird von Anspannungen oder Bedenken vor dem Antreffen eines *Reichsbürgers* gesprochen. Darunter zählen die Interviews F, G und H. Interviewkandidat I spricht von Situationen in der Anfangszeit „[...], wo ma dann scho mit einem unangenehmen Gefühl ausse is'" und einer Kollegin, die Angst vor einem Hausbesuch eines *Reichsbürgers* hatte. Vorfälle passieren selten oder nie und lassen sich mit Maßnahmen wie Termin verschieben oder entsprechenden Vorbereitungen verhindern. Im Kontakt und Umgang mit *Reichsbürgern* entstehen eine Reihe von Problemen. Sie wehren sich bei jeglichen Forderungen und provozieren Zwangsmaßnahmen. Sie nehmen Staatsleistungen in Anspruch ohne dafür Leistungen zu erbringen und halten den Parteiverkehr auf. Weiter erstellen sie unerlaubt Tonbandaufnahmen von Gesprächen mit Mitarbeitern der Behörden und stellen diese zum Teil ins Internet. Verfahren mit *Reichsbürgern* fallen aufwendiger aus, da sie sich nicht angemessen verhalten und ihren Pflichtverteidiger ignorieren. Die Vielschreiberei mit fiktiven Rechnungen oder kopierten Schriftsätzen wie auch die sogenannte *Malta-Masche* stellen weitere Probleme dar. Nach Aussage von Interviewkandidatin G hat die *Malta-Masche* „[...] nie funktioniert, aber es gab enorme psychische Auswirkungen auf die Betroffenen". Interviewkandidaten A, F und G geben an, dass (versuchte) Nötigung, versuchte Erpressung, Verweigerung von Zahlungen und gefälschte Dokumente häufige Delikte sind, die von *Reichsbürgern* begangen werden. Die Interviewkandidaten E hingegen äußern, dass es keine *Reichsbürger*-spezifische Deliktsgruppe gibt. Es werden alle Straftaten von *Reichsbürgern* verfolgt und durch konsequentes Ausstellen von Strafbefehlen ist ein Rückgang zu verzeichnen. Interviewkandidat I erklärt zudem, dass eine größere Kommune einfacher mit schwierigen Situationen klarkomme als eine kleine, da es mehr erfahrene Mitarbeiter gäbe. Aktive Szenen mit *Reichsbürgern*, welche im Laufe der Interviews benannt wurden, sind die Gegend um Cham und die Schwäbische Alb.

Der empfohlene Umgang mit *Reichsbürgern* wird in Kategorie R'4 dargestellt. Handlungsempfehlungen, welche von verschiedenen Stellen herausgegeben wurden, werden im Alltag von den Mitarbeitern im öffentlichen Dienst angewandt bzw. die Mitarbeiter entwickelten diese selbstständig mangels Informationsmaterialien. Die umgesetzten Handlungen umfassen kein Diskutieren, Ignorieren der Aussagen bezüglich fehlender Legitimität der BRD, angemessene Vorbereitung auf Begegnungen mit *Reichsbürgern*, Achtsamkeit bei der Wortwahl, nur Kenntnisnahme und Rücksendung von Schriftsätzen, Absprache im Vorfeld, vorsichtig sein, aber normal behandeln, sofortige Reaktion bei aggressiven Verhalten, Treffen möglichst nur im Büro, sowie die Meldung von *Reichsbürgern* an die Polizei. Des Weiteren existiert der Abstammungsvermerk bei Staatsangehörigkeitsausweisen nicht mehr. Außerdem berichten zwei Befragte von Dienstbesprechungen, bei welchen Informationen an die Mitarbeiter weitergegeben werden. Bei Interviewkandidatin A werden die Dienstbesprechungen zur Informationsweitergabe als ausreichend empfunden. Interviewkandidaten A und B sagen, es seien gute Regelungen und Präventivmaßnahmen vorhanden. Laut Interviewkandidat F sei eine psychologische Betrachtung notwendig, da *Reichsbürger* öfters narzisstische

Merkmale aufweisen. Weiter sehen Interviewkandidaten E Differenzen im Umgang mit *Reichsbürgern* zu anderen Ländern Deutschlands.

Kategorie R'5 erfasst alle Entwicklungen in Bezug auf *Reichsbürger*. Diese stellen kein neues Phänomen dar, da sie seit 20 bis 25 Jahren existent sind. Seit dem ersten Erscheinen der *Reichsbürger* zeigten sie ihr typisches Verhalten mit gleicher Argumentationsweise, wurden jedoch früher als Spinner bezeichnet, nicht ernst genommen und unterschätzt. Die Bezeichnung Spinner findet auch heutzutage teilweise noch Anwendung. In dieser Hinsicht äußert sich Interviewkandidat C, dass *Reichsbürger* „[...] eher so ‚ne Art Verrückte oder Spinner" seien. Intensität, Aufwand und Umgang hingegen haben sich im Laufe der Zeit verändert. Die Ablehnung der BRD ist heute intensiver als in der Anfangszeit, aber auch das Bewusstsein über die Existenz der *Reichsbürger* hat zugenommen. Der erhöhte Zeitaufwand hat dazu geführt, dass der Umgang verändert werden musste und so eine bessere Strategie angewandt bzw. entwickelt wurde. Die Entwicklungen der letzten Zeit werden unterschiedlich wahrgenommen und berichtet. So heißt es, dass seit den Vorfällen in Georgensgmünd und dem Aktendiebstahl alles in Bezug zu *Reichsbürgern* verfolgt werde, mehr Wachsamkeit und Sicherheitsbewusstsein im Umgang mit *Reichsbürgern* bestehe, die Polizei aufmerksam auf die Gruppierung wurde und dadurch auffallend weniger *Reichsbürger* im Kontakt mit öffentlichen Behörden stünden, die politische Wahrnehmung sich verändert habe und die Behörden insgesamt aktiver geworden seien, Informationen weiterzuleiten. Dennoch sei ein langsamer, aber stetiger Anstieg des Datenaufkommens zu verzeichnen. Dies liegt darin begründet, dass Fälle in Bezug zu *Reichsbürgern* je nach Personallage erst relativ spät abgearbeitet werden können und somit erst später in den Statistiken und Registern eingepflegt werden. Folglich hängt das Hellfeld von der Arbeitsstärke und -kapazität der Behörden ab. Dennoch ist eine deutliche Abnahme zu verzeichnen, obwohl vermehrt Amtshilfeersuchen bei der Polizei gestellt werden. Es wird von einer erhöhten Anzahl an schwierigen Verfahren seitens Interviewkandidat B berichtet, was im Vergleich zu anderen Verfahren jedoch keine große Auswirkung hätte. Interviewkandidatin H berichtet von einer Zunahme der Fälle, wobei es in letzter Zeit ruhig sei. Mögliche Gründe dafür sehen die Befragten in einer umgestellten Praxis oder im Ausweichen der *Reichsbürger* auf umliegende Ämter. Der Umgang mit *Reichsbürgern* sei einfacher geworden und für den Interviewkandidaten I bereits kein Thema mehr. Interviewkandidaten D, H und I berichten, dass bei erhöhtem Aufkommen bzw. nach gewisser Zeit die Schrifteingänge nicht großartig beachtet und direkt abgelegt wurden. Auf Seiten der *Reichsbürger* hat sich der Informationsaustausch über Internet verstärkt. Durch die Vernetzung im Internet ist eine beschleunigte Verbreitung von Erfahrungen und Informationen der *Reichsbürger* möglich, wodurch auch laut Interviewkandidatin G der Internetpranger zunehme. Es ist eine steigende Anzahl an Informationsquellen für den Umgang mit *Reichsbürgern* zu verzeichnen und auch Arbeitsgruppen wurden zum Teil in den Behörden gebildet. Die Darstellung in den Medien ist nach Angaben von Interviewkandidatin A abweichend zur Realität. Weder seien die *Reichsbürger* nach ihrer Erfahrung rechts – Informationen diesbezüglich hatte sie nur aus der Presse – noch seien *Reichsbürger* mit großem Aufwand verbunden. Bezüglich eines weiteren Aspekts äußert sie sich wie folgt: „[...], aber wenn ma' der Presse glaubt gibt's des mit Sicherheit, dass *Reichsbürger* aggressiv und gewalttätig". Nach Interviewkandidatin G fühlen sich die *Reichsbürger* immer ernster genommen, da sie immer stärker Gegenstand öffentlichen Interesses werden. Im Gegensatz dazu hat Interviewkandidatin H den Eindruck, dass die mediale Berichterstattung über *Reichsbürger* derzeit gering ausfällt.

Aussagen zur politischen Ausrichtung der *Reichsbürger* werden in Kategorie R'7 gebündelt. Eine solche kann übergreifend nicht eindeutig benannt werden. Tendenzen nach rechts sind durchaus möglich bzw. vorhanden, ob nun aufgrund medialer Berichterstattung oder ideologischer Überschneidungen. Der Anteil der rechtsorientierten *Reichsbürger* ist jedoch gering. Interviewkandidatin G erwähnt als einzige eine linke Orientierung von einzelnen *Reichsbürgern*, wobei diese sehr gering ausfalle. Alle anderen Kandidaten spezifizieren ihre Aussagen nicht weiter oder können keine Aussage über weitere Ausrichtungen machen. Nach Interviewkandidat B passen Personen mit rechtsextremen Einstellungen gut zu den *Reichsbürgern*, was jedoch nicht bedeute, dass jeder *Reichsbürger* rechts sei. Extremistische Sichtweisen seien laut Interviewkandidat F auch existent. Eine Einzelfallbetrachtung in Form einer individuellen Überprüfung sei demnach ratsam, wie auch Interviewkandidat B feststellt. Es seien auch Mitläufer und Esoteriker unter den *Reichsbürgern* vertreten, wie Interviewkandidatinnen A, D und H berichten. Eine weitere Begründung, warum *Reichsbürger* nicht rechts seien, ist die Ablehnung des Dritten Reiches. Interviewkandidat C und D sehen die Berufung der *Reichsbürger* auf den Stand von 1871 als Grund, dass die Gruppierung nicht rechtsextrem sei. Auch Ausländerfeindlichkeit sei nicht vorliegend nach Interviewkandidatin D. Die individuellen Definitionen von Rechtsextremismus der Befragten variieren sehr stark. Am häufigsten werden viermal Ausländerfeindlichkeit/-hass und dreimal Rassismus, sowie eine sehr nationale bis nationalsozialistische Einstellung als Merkmale genannt. Parolen und aggressive Wortwahl werden von Kandidatinnen A und H benannt und die Befragten D und H benennen die Optik als Erkennungsmerkmal. Interviewkandidatin D erwähnt noch sonstige Diskriminierungen als Kennzeichen für Rechtsextremismus. Nur Interviewkandidaten B und C differenzieren zwischen rechtsradikal und -extrem. Dabei ist für Interviewkandidat B der rechtsextreme Bereich erreicht, sobald gewalttätige Mittel zur Umsetzung eingesetzt werden. Interviewkandidaten A und E stellen fest, dass es viele variierende Definitionen gibt. Die Befragten E und F nutzen andere Definitionen wie zum Beispiel die des Verfassungsschutzes. In diesem Zusammenhang wird erwähnt, dass die Polizei eine Definition mit spezifischeren Kriterien benutzt.

Kategorie R'8 beinhaltet verschiedene Aspekte der Kontakte zu *Reichsbürgern*. Der erste Kontakt liegt im Schnitt zwischen den Jahren 2006 und 2013, wobei die meisten um das Jahr 2012 das erste Mal auf *Reichsbürger* im beruflichen Kontext gestoßen sind. Keiner der Befragten berichtet von privaten Begegnungen oder von Kontakten mit *Reichsbürgern*, die ersichtlich rechte Einstellungen haben. Eine solche Einstellung sei nach vermuten von Interviewkandidat B nur an politisch motivierten Delikten erkennbar und bei Verfahren mit Waffen könne es vorkommen. Besondere Berufsgruppen haben vermehrt Kontakte zu *Reichsbürgern* wie Mitarbeiter von Vollstreckungsbehörden oder auch Ortsbehörden. Auch gibt es Sammelstellen für *Reichsbürger*-Angelegenheiten, die für das Sammeln und Weiterverteilen der entsprechenden Informationen zuständig sind. Sofern Ort und Zeit von Treffen der *Reichsbürger* bekannt sind, werden diese von Seiten der Behörden zur Durchführung einer Personenkontrolle genutzt. Kontakte fanden sowohl schriftlich als auch persönlich statt. Eingrenzend ist hier zu sagen, dass *Reichsbürger* Richter nicht persönlich antreffen können, da dies durch die Personenkontrolle in den Eingangsbereichen verhindert wird. Ein Kontakt ist somit nur im Sitzungssaal möglich. Interviewkandidaten E und H berichten, dass primär Kollegen Kontakt zu *Reichsbürgern* haben. Innerhalb der Verwaltung ist eine gewisse Toleranz gegenüber Kleinigkeiten gefragt, wobei manche *Reichsbürger* die Grenze fast erreicht hätten und Maßnahmen wie Hausverbrot ausgelöst hätten, wie Interviewkandidat I berichtet. Zudem erzählt er, dass die Fälle mit *Reichsbürgern* direkt von der Führungsebene übernommen und erst an die Sachbearbeiter übergeben wurden, als der Umgang klar geregelt war. Laut Interviewkandidat I haben Personen in der Führungsebene mehr Lebenserfahrung und müssen ihre

Emotionen unter Kontrolle haben, was im Umgang mit *Reichsbürgern* von Vorteil sei.

Der Aspekt Gewalt im Kontext mit *Reichsbürgern* wird in Kategorie R'9 aufgegriffen. Es gibt selten oder keine Gewaltandrohungen oder -handlungen und nicht alle *Reichsbürger* sind gewaltbereit. Ein Gefährdungspotential und verbale Aggressivität sind jedoch zumeist vorhanden. Interviewkandidatin A berichtet, dass keine Eskalationsgefahr bestünde und vier berichten explizit, dass sie und ihre Kollegen keine Angst vor Übergriffen hätten. Laut Interviewkandidatin G bestünde eine Affinität zu Waffen, jedoch sei insgesamt in der Gesellschaft eine zunehmende Gewaltbereitschaft zu verzeichnen. *Reichsbürger* fallen nach den Interviewkandidaten E und F unter die Kategorie „Politisch Motivierte Kriminalität" (PMK) und dort unter extremistisch. Auch extremistische Verfahren gäbe es im Kontext *Reichsbürger*. Allgemein seien Einzelpersonenradikalisierungen schwerer zu erkennen als Gruppenradikalisierungen, wie Interviewkandidat F berichtet. Von 2015 bis Anfang 2017 fand nach Angaben von F eine erhebliche Radikalisierung der *Reichsbürger* statt, welche danach wieder abklang. Insgesamt bestünde ein geringeres Maß an Bedrohungspotential. Bezüglich Gewalt gegen Polizeibeamte hat es keine Angaben gegeben. Jedoch berichtet Interviewkandidat F, dass es keine Einstellung nach Opportunitätsgrundsätzen gäbe, sofern es sich um Konflikte zwischen *Reichsbürgern* und der Polizei handle.

Kategorie R'10 befasst sich mit dem Informationsangebot. Interviewkandidaten A und B erklären, dass gute Regelungen und Präventivmaßnahmen vorhanden seien. Auch die Zusammenarbeit mit der Polizei wird dahingehend erwähnt. Weiter gäbe es immer mehr Informationsquellen für den Umgang mit *Reichsbürgern* und entsprechende Arbeitsgruppen, wie Interviewkandidaten B und F mitteilen. Schulungen und Handreichungen werden von Interviewkandidaten B, C und D als hilfreich angesehen und nach Interviewkandidat C seien die Informationen deckungsgleich mit den eigenen Erfahrungen. B und D nahmen nicht persönlich an Schulungen teil. Für Interviewkandidatin A seien die stattfindenden Dienstbesprechungen und die dort weitergegebenen Informationen ausreichend. In mehreren Fällen können Informationen im Intranet der jeweiligen Behörde eingesehen werden. Teilweise werden Schulungen nur für bestimmte Berufsgruppen oder -ebenen angeboten. Interviewkandidat I hält einen Erfahrungsaustausch für sinnvoller als Schulungen. Auch andere Befragte sehen Erfahrungen von Kollegen oder anderen Personen als hilfreich an, wenn es um den Umgang mit Konflikten oder neuen Situationen geht. Interviewkandidaten D und I haben keine weiteren Verbesserungsvorschläge.

Die geäußerte Kritik ist in Kategorie R'11 zusammengefasst. Eine schnellere Reaktion auf die Situation mit den *Reichsbürgern* wäre notwendig gewesen, da keine Informationen verfügbar waren als sie gebraucht wurden. Die Informationsweitergabe und das Eingreifen der Polizei hätten erst richtig nach den Vorfällen begonnen. Dieser Meinung sind Interviewkandidaten D, H und I. Auch die Reaktion des Ministeriums kam sehr spät, da zwei bis drei Jahre benötigt wurden, und war zudem sehr spärlich mit Informationen. Zum Teil gab es erst gar kein Schulungsangebot und die Schulungen der BIGE wurden als sehr allgemein empfunden. Diese Punkte führen dazu, dass Interviewkandidaten H und I den Umgang bzw. die Situation als enttäuschend oder unverständlich bezeichnen. Interviewkandidat I erklärt, dass eine Absprache der großen Kommunen zur Informationsgewinnung sinnvoll gewesen wäre. Zu den erwünschten Änderungen zählt zum einen das Einführen eines Straftatbestandes, welcher den Verwaltungsterror inkludiert. Zum anderen eine stärkere Vernetzung für eine bessere Informationsweitergabe auch auf kommunaler Ebene.

Die Erkennungsmerkmale von *Reichsbürgern* sind in Kategorie R'12 beschrieben. Es gibt spezifische Verhaltens- und Ausdrucksweisen, welche je nach Person und Bereich unterschiedlich ausfallen können. Zum einen gibt es die Aussagen und Argumentationen von *Reichsbürgern*, die meistens kontinuierlich wiederholt werden. Diese beinhalten in den meisten Fällen die Nichtanerkennung der BRD, was von Interviewkandidat F als allumfassendes Merkmal der *Reichsbürger* benannt wurde. Die Ablehnung der bestehenden Ordnung und der Politik werden von Interviewkandidaten D und I benannt. Begründet liegt dies nach Interviewkandidatin D darin, dass *Reichsbürger* keine Steuern zahlen wollen. Weiter sei ein Amtsgericht kein ordnungsgemäßes Gericht, so Interviewkandidatin A. Es wird berichtet, dass *Reichsbürger* nur bestimmte Formulare mit bestimmten Kriterien für richtig befinden. Das Beispiel Geburtsurkunden wird von Interviewkandidatin D erwähnt. Diese werden auch von den *Reichsbürgern* beantragt, jedoch haben sie Einwände gegen die Aufmachung, „[...], weil da eine Nummer drauf ist und sie sind keine Nummer. Oder sie wollen unbedingt, dass der Standesbeamte leserlich und mit Vorname unterschreibt und das Siegel muss grad steh'n und es darf kein Siegelbruch sein und sie hätten gern ein 120 Gramm Papier". Auch Begriffe wie „wohnhaft" werden als Problem angesehen, da sie nach ihrer Meinung freie Menschen seien. Als Rechtslage sei der Stand vor der Weimarer Reichsverfassung gewollt. Interviewkandidat C berichtet, dass *Reichsbürger* die Thesen aus einem bestimmten Buch[22] sowohl mündlich als auch schriftlich vorbringen. Weiter wird zum Teil das Vorlegen des Personalausweises verweigert. Die Schriftsätze der *Reichsbürger* sind ein weiteres Erkennungsmerkmal wie auch ihre teils pseudojuristischen Argumentationen. Kennzeichnend sind die vielen Unterschriften, die jeweils von einem Fingerabdruck aus Blut bzw. roter Tinte begleitet werden, wie Interviewkandidatin A berichtet. Sie erscheinen selten persönlich und präferieren den schriftlichen Kontaktweg per Mail, Post oder Fax. In diesem Zuge versenden sie auch teilweise ihre eigens erstellten Dokumente wie Personenstandserklärungen. Mit einer Ausnahme sind *Reichsbürger* nicht vom Äußeren zu erkennen. Interviewkandidatin A behauptet, *Reichsbürger* kleiden sich ungewöhnlich, nicht modern und auffallend. Nach Interviewkandidat I wollen die *Reichsbürger* wahrgenommen werden und Aufmerksamkeit erhalten, weshalb sie sich so verhalten. Interviewkandidaten A, D und H benennen Standard-Phrasen, welche von den *Reichsbürgern* vorgebracht werden. Darunter fallen folgende Aussagen: „Ich bin der Mensch Lothar", „Dem Mensch so aus dem Hause so und so", „Sie ist ein lebendiger Mensch, sie lebt in Gott durch Jesus Christus".

Die letzte Kategorie erfasst die demographischen Merkmale und die Motivation der *Reichsbürger*. Es handelt sich im Allgemeinen um Personen aus allen Gesellschaftsschichten. Es finden sich sowohl existenzgefährdete Personen, als auch welche aus der Gesellschaftsmitte, die nach Interviewkandidatin G überwiegend aus der esoterischen Szene kämen. Ähnliche bzw. vergleichbare Personengruppen seien laut gleicher Befragten die der Organisierten Kriminalität oder der Geldwäsche. Interviewkandidat I hingegen äußert: „Davor gab's sowas nicht, in keinster Weise". Die meisten *Reichsbürger* haben ein Alter von Mitte 30 bis über 50 Jahre. Es sind wenige junge Personen wie Studenten vertreten und der überwiegende Teil tendiert zu einem Alter von 50 Jahren und älter. Interviewkandidat C erwähnt, dass auch teilweise Ehepaare mit erwachsenen Kindern auftauchen. Teils können keine Angaben gemacht werden. Das Geschlechterverhältnis gestaltet sich unterschiedlich. Während Interviewkandidatin A von einem hohen Frauenanteil spricht, beschreiben C und H ein ausgeglichenes Verhältnis. Interviewkandidaten B, D, E, G und I erklären, dass es überwiegend Männer seien. Interviewkandidatinnen G und H sagen, dass Frauen zumeist angestiftet würden. Keine Angaben

---

22 Prinz, Daniel: Wenn das die Deutschen wüssten ... dann hätten wir morgen eine Revolution

zum Geschlechterverhältnis kann Interviewkandidat F machen. Es gäbe verschiedene Gründe sich den *Reichsbürgern* anzuschließen. Von ideologischen, finanziellen bis zu politischen oder persönlichen Gründen sei alles vertreten. Ideologische Motivationen seien nach Interviewkandidat B zwar vertreten, jedoch eher ein geringerer Part. Es sei eine zunehmende Geschäftemacherei unter den *Reichsbürgern* zu verzeichnen, wobei auch Nicht-*Reichsbürger* die Ideologie für ihre eigenen Vorteile nutzen, so Interviewkandidat F. Als Beispiel nennt Interviewkandidatin G Peter Fitzek, welcher eher einen Betrüger als einen typischen *Reichsbürger* darstellt. Das Vermeiden von Steuerzahlungen oder allgemein finanzielle Probleme sind mitunter finanzielle Gründe. Subjektiv empfundener Frust über die eigene oder politische Situation oder die Flucht vor den eigenen Problemen können zu einem Anschluss an das *Reichsbürger*-Milieu führen. Dort wird man in der Gruppe anerkannt und kann so über mögliche Enttäuschungen hinwegkommen oder sie zumindest verdrängen. Verschwörungstheorien reihen sich mit in die Liste der Gründe ein.

Im Hinblick auf die Auswertung und Kategorienbildung bleibt zu beachten, dass sich die Institutionen enorm in ihren Arbeitsfeldern unterscheiden, weshalb die Kontakte mit *Reichsbürgern* aus verschiedenen Beweggründen resultieren und auch in variierender Häufigkeit zu Tage treten. Es spielt auch eine Rolle, wie positiv oder negativ eingestellt die Personen bereits aufeinandertreffen. Bei Gerichten herrscht oftmals eine Organisationsstruktur vor, welche das komplette Erfassen der Situation schwierig gestaltet. Die Aufteilung der Fälle erfolgt in alphabetischer Reihenfolge auf die jeweiligen Richter, weshalb bei einer Befragung eines Richters nur der jeweilige Bruchteil der Fälle betrachtet werden kann, der von jenem verhandelt wird. Folglich ist selbst für das Gericht, an dem die Person angestellt ist, keine generelle Aussage zum Thema möglich. Bei der Polizei herrscht auch eine Struktur vor, welche eine pauschale Aussage unmöglich macht. Allein die Gliederung in PP, PI, PR und die verschiedenen Polizeien wie Schutzpolizei, LaPo, KriPo etc. haben unterschiedliche Berührungspunkte mit *Reichsbürgern* und je nach Region und Tätigkeitsbereich mehr oder weniger Kontakte zu *Reichsbürgern*. Auch hier gilt es zu unterscheiden, ob die Personen zur Datenverarbeitung bzw. -weiterleitung zuständig sind oder sie in direktem Kontakt zu *Reichsbürgern* stehen. In dem Fall des interviewten PP handelt es sich um eine Sammelstelle für Informationen rund um das Thema *Reichsbürger*, welche Informationen an bestimmte Stellen weiterleitet.

8 Diskussion

Betrachtet man nun die Informationen aus Literatur und Medien mit denen aus den Interviews, sind durchaus Abweichungen zu verzeichnen. Für eine bessere Übersicht findet die Betrachtung, soweit möglich, in der Reihenfolge der Kategorien statt. Es werden nur Inhalte der Kategorien beachtet, welche sich mit den Aspekten beschäftigen, die in der Literatur zur jeweiligen Thematik passen. Für eine vollständige Auflistung wird auf Kapitel 7.2 verwiesen.

Das Auftreten der *Reichsbürger* gegenüber Mitarbeitern im öffentlichen Dienst wird von den Interviewten als nervig und ärgerlich empfunden, da die *Reichsbürger* unter anderem beratungsresistent und diskussionsfreudig sind. Es erscheinen sowohl *Reichsbürger* und *Selbstverwalter*, als auch *Germaniten* und Esoteriker (siehe Kategorie R'1, Kapitel 7.2). Auch in der Literatur finden sich Verweise auf die vier Personengruppen (siehe Kapitel 2.1). Weiter heißt es, *Reichsbürger* erstellen ihre Schriftsätze durch willkürliches Zusammenführen von unterschiedlichen Texten und weisen dabei mangelnde Recherche oder gar mangelnde Kenntnisse der Materie auf (siehe Kapitel 3). Dies wurde durch die Interviewten bestätigt, da viele von pseudojuristischer Argumentation berichten und Interviewkandidatin A sogar von fehlenden Gesichtskenntnissen spricht (siehe Kapitel 7.2). In der Literatur wird berichtet, dass *Reichsbürger* sehr schnell aggressiv und gereizt werden, was nur in Teilen in Einklang mit den Befragten steht (siehe Kapitel 4). Diese berichten zwar, dass verbale Aggression vorhanden sei, es jedoch auch höfliche *Reichsbürger* gebe. Auch das Ziel der *Reichsbürger* mit ihrem Verhalten die Behörden und ihre Mitarbeiter bloßzustellen und zu provozieren wird von den Interviewkandidaten nur indirekt erwähnt (siehe Kategorie R'8, Kapitel 7.2; Kapitel 4; Kapitel 5). Eine Provokation durch fehlende Kommunikation bzw. Reaktion seitens der *Reichsbürger* wird vereinzelt erwähnt, wie auch eine überraschend eloquente Ausdrucksweise am Telefon laut Interviewkandidatin H (siehe Kategorie R'1, Kapitel 7.2). Bezüglich des Bloßstellens wird lediglich erwähnt, dass es zur Anfangszeit schwieriger war mit dem Umgang, die Mitarbeiter jedoch aus der Erfahrung gelernt haben und derzeit umso souveräner mit *Reichsbürgern* umgehen können (siehe Kategorie R'5, Kapitel 7.2). Kleinere Kommunen hatten es in dieser Hinsicht schwieriger, da sie gerade in der Anfangszeit nicht auf erfahrene Mitarbeiter zurückgreifen konnten. Dies führte zu gewissen Unsicherheiten und kann als Bloßstellen gewertet werden (siehe Kategorie R'3, Kapitel 7.2).

Bezüglich Sicherheitsmaßnahmen gibt es nicht sehr viele Informationen in der Literatur. Hierunter fallen zum einen die Anzeige von Verhalten, die strafrechtlich relevant ist, wie auch die Weitergabe von Schriftsätzen mit rechtsextremen Inhalten. Zum anderen die Option, seine persönlichen Daten sperren zu lassen. Insbesondere für Personen im Außendienst wird die Empfehlung ausgesprochen zu zweit vor Ort zu sein. Amtshilfeersuche können an die Polizei gestellt werden und im besten Fall sollte durch Trainings der Umgang mit schwierigen Situationen trainiert werden. Diese Trainings werden jedoch meist nur Vollstreckungsbeamten empfohlen (siehe Kapitel 5). Das Spektrum an Sicherheitsmaßnahmen, welches von den Befragten benannt wurde, ist dahingegen breiter. Wie bereits in Kapitel 7.2 erwähnt, gibt es verschiedene spezifische Maßnahmen wie Kontrollen oder Anordnungen. Die Anweisung möglichst alle Gespräche oder Kontakte zu zweit zu erledigen, wird auch von den Interviewkandidaten benannt, wie auch das vorsichtige Umgehen mit dem eigenen öffentlichen Auftreten. Die Einrichtung von Notfallknöpfen wurde von den meisten Interviewkandidaten bereits innerhalb ihres Arbeitsfeldes thematisiert und für sinnvoll oder weniger sinnvoll erachtet. Weniger sinnvoll fanden es die Befragten, welche über eine offene Bürogestaltung verfügen oder sich der Situation komplett gewachsen fühlen. Trainings für Beamte sind bisher nur im Bereich der Vollstreckung üblich, jedoch sollen diese Trainings nach Interviewkandidatin G in naher Zukunft für alle Mitarbeiter durchgeführt werden, die in Kontakt stehen mit *Reichsbürgern* (siehe Kategorie R'2, Kapitel 7.2).

Die meisten *Reichsbürger* verhalten sich laut Literatur rechtskonform und sind nicht straffällig geworden (siehe Kapitel 2.1). Probleme sind unerlaubte Tonaufnahmen, die Nutzung von Internetseiten zur Verbreitung dieser Aufnahmen und ihrer Ansichten, sowie das Ausnutzen staatlicher Leistungen (siehe Kapitel 3; Kapitel 5.1). Diese Probleme sind auch seitens der Befragten geäußert worden (siehe Kategorie R'3, Kapitel 7.2). Der Schriftverkehr ist problembehaftet, da es sich nicht nur um lange Schreiben handelt, sondern diese mit Erpressungsversuchen oder Beleidigungen gepaart sind. Zudem verweigern *Reichsbürger* das Zahlen von Abgaben, worauf die Behörden reagieren müssen (siehe Kapitel 4; Kapitel 5.1; Kapitel 7.2). Der Versuch durch Diskussionen die Arbeit von Vollstreckungsbeamten zu verhindern, ist ein weiteres Problem, welches sowohl in Literatur als auch durch einen Kollegen von Interviewkandidatin H geschildert wird (siehe Kapitel 5). Hausordnungsverstöße kommen bei *Reichsbürgern* des Öfteren vor, was nicht direkt durch Interviewkandidaten bestätigt werden kann. Diese berichten in einem Fall von der Befürchtung eines Hausbesuches durch einen *Reichsbürger* und in einem anderen, dass beinahe vom Hausrecht Gebrauch gemacht wurde (siehe

Kapitel 7.2; Kapitel 5.1). Weiter wird in der Literatur beschrieben, dass Personen mit Erkrankungen bzw. Abhängigkeiten ein erhöhtes Gefahrenpotential aufweisen (siehe Kapitel 5.2). Diesbezüglich sind keine Äußerungen seitens der Befragten gefallen.

Der empfohlene Umgang deckt sich zwischen Literatur und Befragten in den Punkten, dass keine Diskussionen geführt werden und die Begrifflichkeiten der *Reichsbürger* nicht übernommen werden sollen. Auch der Meldeweg an die Polizei wird in beiden Fällen erwähnt (siehe Kategorie R'4, Kapitel 7.2; Kapitel 5.2). In der Literatur wird von einer sogenannten „narzisstischen Selbstaufwertung" (Keil 2015: 48) im Kontext *Reichsbürger* gesprochen. Narzisstische Merkmale bei manchen *Reichsbürgern* werden auch von Interviewkandidat F als Grund genannt, eine psychologische Betrachtung der *Reichsbürger* anzustreben (siehe Kategorie R'4, Kapitel 7.2; Kapitel 5.1). Es wird berichtet, dass eigene Strategien und Taktiken für den Umgang mit *Reichsbürgern* entwickelt werden mussten, da teilweise keine Informationen diesbezüglich vorlagen. Auch Interviewkandidaten H und I beklagen, dass Informationen entweder zu spät bereitgestellt wurden oder zu allgemein gehalten waren, weshalb eigene Taktiken entwickelt werden mussten (siehe Kapitel 5.2; Kategorie R'4, Kapitel 7.2; Kategorie R'11, Kapitel 7.2).

Laut Berichten verschiedener Institutionen ist ein allgemeiner Anstieg der Zahl der *Reichsbürger* zu verzeichnen. Auch Interviewkandidaten B und H berichten davon, jedoch wird von Interviewkandidaten E festgestellt, dass ein verzögertes Abarbeiten der Fälle durch die Behörden und somit ein späteres Einpflegen der Daten in die Statistiken zu einem solchen Anstieg führen können. Dies ist zwar kein alleinstehender Grund, aber durchaus ein Einflussfaktor (siehe Kategorie R'5, Kapitel 7.2; Kapitel 1; Kapitel 2.1). Die *Reichsbürger* sind kein neues Phänomen, was sowohl in Literatur als auch von den Befragten bemerkt wird (siehe Kapitel 3; Kapitel 7.2). Die mediale Berichterstattung findet primär bei größeren Ereignissen und phasenweise statt, wie bereits an den Beispielen in der Einleitung dieser Arbeit zu erkennen. Zu dieser Thematik äußerten sich wenige Interviewkandidaten. Diese unterstützen jedoch die Tendenz (siehe Kapitel 1; Kapitel 4; Kapitel 7.2). Im Zusammenhang mit der Entwicklung des Verhaltens, des Umgangs und der Kontakte mit *Reichsbürgern* gestalten sich die Interviews aufschlussreicher als die allgemeine Literatur, da in den Interviews mehr Details präsentiert werden.

Die politische Ausrichtung der *Reichsbürger* stellt allgemein ein schwieriges Thema dar, da es keine spezifische Eingrenzung des Phänomens *Reichsbürger* gibt.

Einigkeit besteht darüber, dass es eine heterogene Gruppierung ist, welche viele verschiedene Personen mit verschiedenen Einstellungen inkludiert. *Reichsbürger* werden sowohl nach politikwissenschaftlicher als auch rechtswissenschaftlicher Betrachtung als extremistisch, jedoch nicht pauschal rechtsextremistisch eingestuft. Die Ablehnung der BRD und ihrer Organe ist kein Kriterium, welches speziell den Rechtsextremismus beschreibt. Es können durchaus Personen mit rechtsextremistischen Einstellungen unter den *Reichsbürgern* sein bzw. auch ganze Gruppierungen besetzen. Dies lässt jedoch nicht die Aussage zu, dass alle *Reichsbürger* rechts seien. Die Interviewkandidaten sind sich einig, dass *Reichsbürger* nicht per se rechts sind und im Allgemeinen eine politische Ausrichtung eher nicht zu definieren ist. Rechte Tendenzen seien durchaus existent, jedoch machen diese einen geringen Teil der Gruppierungen aus. Auch extremistische Sichtweisen seien unter den *Reichsbürgern* zu finden, die ihrerseits einen sehr geringen Teil ausmachen. Hinzu kommt, dass kein Interviewkandidat von einem Kontakt mit einem *Reichsbürger* berichten kann, welcher ersichtlich rechte Einstellungen hat. Interviewkandidaten E führen aus, dass *Reichsbürger* in der Kategorie politisch motivierter Kriminalität unter extremistisch fallen und Interviewkandidat F äußert, dass Sichtweisen mit extremistischen Tendenzen unter den *Reichsbürgern* existieren (siehe Kategorie R'7, Kapitel 7.2; Kategorie R'8, Kapitel 7.2; Kapitel 2; Kapitel 4). Nur zwei Befragte differenzieren zwischen rechtsradikal und rechtsextrem. In einem Fall wird Gewaltanwendung als entscheidender Faktor angesehen, dass es einen Wechsel zu rechtsextrem gibt. Interviewkandidat C spricht im Gegensatz zu Interviewkandidat B ausschließlich von Rechtsradikalismus und schließt eine Zugehörigkeit der *Reichsbürger* aus. In der Literatur werden *Reichsbürger* in den meisten Fällen direkt mit Rechtsextremismus in Bezug gesetzt. Von Radikalisierung ist meist die Rede, wenn über die Nutzung der Medien gesprochen wird. Besonders im Jahr 2016 wurde eine zunehmende Radikalisierung bei den *Reichsbürgern* festgestellt, da sie sich in den sozialen Netzwerken verstärkt negativ über die Politik und den Staat äußern (vgl. Kategorie R'7, Kapitel 7.2; Kapitel 4).

Bei persönlichen Kontakten wird den Mitarbeitern laut der existierenden Literatur empfohlen, selbstbewusst aufzutreten und konsequent zu handeln. Um ein solches Verhalten zu gewährleisten, wurden in mehreren Behörden die Gespräche mit *Reichsbürgern* nur von der Führungsebene geführt. Diese verfügen über mehr Erfahrung mit schwierigen Kunden und können souveräner damit umgehen (siehe Kategorie R'8, Kapitel 7.2; Kapitel 5.2). Weiter wird unter anderem in Handreichungen davor gewarnt, dass *Reichsbürger* auch privat Kontakt suchen könnten. Von einer solchen Erfahrung hat kein Interviewter berichtet. Eine Kollegin fürchtete sich in einem Fall vor einem Hausbesuch eines *Reichsbürgers*, wozu es jedoch nie kam (siehe Kategorie R'3; Kapitel 7.2; Kapitel 5.1). Kontakte zu *Reichsbürgern* entstehen auch, wenn die Polizei Personenkontrollen durchführt, während die *Reichsbürger* ihre Treffen abhalten. Dies bestätigt Interviewkandidat F. Bei solchen Treffen werden zum Teil Behördenmitarbeitern eine Zugehörigkeit zum *Reichsbürger*-Milieu nachgewiesen und Disziplinarverfahren eingeleitet (siehe Kategorie R'8, Kapitel 7.2); Kapitel 2; Kapitel 5.1).

Gewalt ist ein weiterer Aspekt, der in der Literatur aufgegriffen wird. Es heißt, es bestehe ein gewisses Bedrohungs- und Gewaltpotential. Gründe dafür sind, dass *Reichsbürger* im Verhältnis zu der Gesamtbevölkerung über viele Waffenerlaubnisse verfügen und bereits durch Gewaltdelikte wie in Georgensgmünd bewiesen, dass manche *Reichsbürger* bereit sind Waffen zu benutzen. Dennoch sei die Mehrzahl der *Reichsbürger* nicht gewalttätig. Ein Gefährdungspotential sehen auch die Befragten, jedoch wurden noch keine Erfahrungen mit Gewalthandlungen oder -androhungen gemacht. Nach Angaben von Interviewkandidatin G bestünde eine allgemein zunehmende Gewaltbereitschaft der Gesellschaft. Dieser Einflussfaktor darf nicht unbeachtet bleiben, da ein erhöhtes Waffenaufkommen bei *Reichsbürgern* somit nicht allein in der Ideologie begründet liegt (siehe Kategorie R'9, Kapitel 7.2; Kapitel 2.1; Kapitel 4). Im Gegensatz dazu stehen die Berichte, dass die Zahl an gewalttätigen Situationen zunimmt. In diesem Zusammenhang ist von einer Radikalisierung die Rede, welche durch die Medien gefördert wurde. Diesbezüglich äußerte sich Interviewkandidat F, dass zwischen 2015 und Anfang 2017 eine erhebliche Radikalisierung zu verzeichnen war, welche im Anschluss wieder abschwächte. Dieser Zeitraum passt zu dem der Berichterstattung (siehe Kapitel 4; Kapitel 7.2.

Das Informationsangebot gestaltet sich sowohl in der Literatur als auch bei den Befragten ähnlich. Es gibt verschiedene Handreichungen von verschiedenen Institutionen und Dienstbesprechungen innerhalb der Behörden. Nicht alle Handreichungen werden als hilfreich angesehen, da die Informationen zu allgemein gehalten sind und teilweise keine Tipps für den richtigen Umgang beinhalten. Auch Interviewkandidaten berichten über solche Situationen oder gar, dass die Informationen erst gar nicht vorlagen und zu spät den Weg in die Behörde fanden. In diesen Fällen mussten dann eigene Strategien entworfen werden (siehe Kategorie R'10, Kapitel 7.2; Kapitel 5.2).

Bezüglich der Erkennungsmerkmale werden die teils variierenden Argumentationen und Aussagen wie Nichtanerkennung der BRD in der Literatur benannt. Davon abweichend sind die *Selbstverwalter*, da sie nur aus der BRD austreten wollen und diese nicht leugnen. Der Stand der Rechtslage auf den sie sich beziehen variiert. Weiter befinde sich Deutschland noch im Kriegszustand, welche Aussage durch die Interviews nicht unterstützt wird. Dennoch leitete Interviewkandidat C Informationen weiter, in welchen eine Friedens- und Kriegsbeendigungserklärung zu finden war. Diese wurde mit einer Personenstanderklärung und weiteren Schriftsätzen eingereicht. Auch die Abweichung von den *Selbstverwaltern* wird größtenteils nicht durch die Interviewkandidaten verbalisiert. Die einzige konkrete Erwähnung ist die Grenzmarkierung, welche *Selbstverwalter* um ihre Grundstücke ziehen, wie Interviewkandidat F berichtet. Dies kann jedoch daran liegen, dass *Selbstverwalter* seltener bei öffentlichen Stellen auftreten (siehe Kategorie R'12, Kapitel 7.2; Kapitel 2.1; Kapitel 3). Die teils pseudojuristische Argumentation in den eigenen Schriftsätzen inklusive der eigenen Symbole sind Merkmale, von denen sowohl Literatur als auch Interviewkandidaten berichten. Letztere schildern individuelle Unterschriften, welche mit einem Fingerabdruck versehen sind. Dies sind alles Merkmale, die oft bei Personenstands- und Lebenderklärungen zu finden sind (Kapitel 2.1; Kapitel 3; Kapitel 5.1).

Nach Berichten liegt das Alter von *Reichsbürgern* im Schnitt bei 50 Jahren und älter. In den Interviews wird ein Durchschnittsalter von Mitte 30 bis über 50 Jahre angegeben, wobei tendenziell eher Personen in den 50ern und älter anzutreffen sind (siehe Kategorie R'13, Kapitel 7.2; Kapitel 1). Informiert man sich über die Motivationen bzw. Gründe für den Anschluss an die *Reichsbürger*, werden Unzufriedenheit mit dem Staat oder das Empfinden, subjektiv ungerecht behandelt worden zu sein, benannt. Für die eigenen Probleme wird der Staat gern als Grund benannt und auch wirtschaftliche oder politische Gründe können Faktoren sein. Das Bekleiden eines Amtes und das damit einhergehende Ansehen ist eine Möglichkeit vor den eigenen Problemen zu fliehen und seine Person aufzuwerten. In diesem Zusammenhang wird die „überwertige Idee" (Keil 2015: 77) benannt. Finanzielle Vorteile durch den Vertrieb von diversen Dokumenten, der Gestaltung von Homepages oder dem Halten von Seminaren stellen eine weitere Motivation dar. Vertreten sind auch Personen aus der Esoterik-Szene (siehe Kapitel 2). Vergleicht man dies mit den Aussagen der Interviewten, bestehen relativ viele Übereinstimmungen mit den Motivationen. Die Befragten erwähnten zusätzlich, dass Verschwörungstheorien eine weitere Motivation für einen Anschluss darstellen

können. Bezüglich der Herkunft der *Reichsbürger* werden sowohl existenzgefährdete Personen, als auch welche aus der Gesellschaftsmitte erwähnt (siehe Kapitel 7.2).

9 Fazit & Ausblick

Im Rahmen dieser Arbeit wurde der Umgang mit *Reichsbürgern* im öffentlichen Dienst in Bayern betrachtet. Zunächst wurde das Themenfeld der *Reichsbürger* näher eingegrenzt und ihre Ideologie dargestellt. Nach einer Prüfung der *Reichsbürger*-Ideologie auf rechtsextremistischen Tendenzen, wurden die Berührungspunkten im öffentlichen Dienst dargelegt. Im Rahmen von Interviews wurden schließlich Daten von Mitarbeitern im öffentlichen Dienst erhoben. Im Verlauf der Auswertung entstanden Kategorien, die relevante Informationen enthalten.

Es lässt sich feststellen, dass sich viele Informationen der Befragten mit jenen aus der Literatur decken. Dennoch sind die Angaben der Befragten detaillierter und zum Teil breiter gefächert, was mit den verschiedenen Arbeitsfeldern der Interviewkandidaten einhergehen kann. In starkem Kontrast stehen die Angaben bezüglich rechter Tendenzen der *Reichsbürger*. Literatur und Medien tendieren sehr schnell dazu, *Reichsbürger* unter Rechtsextremismus einzuordnen. Die Befragten hingegen folgen einer anderen Auffassung. Tendenzen nach rechts werden nicht ausgeschlossen, aber *Reichsbürger* seien nach Angaben der Interviewkandidaten nicht pauschal rechts. Auffallend war die große Varianz bei der Definition von Rechtsextremismus seitens der Befragten. Insgesamt lässt sich feststellen, dass *Reichsbürger* lediglich als extremistisch eingestuft werden können. Wie bereits im Verlauf der Arbeit verdeutlicht, können sich durchaus Personen mit rechtextremen Einstellungen unter den *Reichsbürgern* befinden, dies lässt jedoch keine generelle Aussage über die *Reichsbürger* zu.

Die Kontakte mit *Reichsbürgern* gestalten sich im Allgemeinen zeitaufwendig. Es treten sowohl *Reichsbürger* und *Germaniten* als auch *Selbstverwalter* und Esoteriker bei den Mitarbeitern des öffentlichen Dienstes auf und bringen variierende Argumente und Aussagen vor. Die Nichtanerkennung der BRD und ihrer Rechtsorgane stellt dabei eine Aussage dar, welche von den meisten vorgebracht wird und als Merkmal der *Reichsbürger* angesehen werden kann. *Reichsbürger* stellen eine heterogene Gruppierung ohne Strukturierung dar. Es findet sich eine Vielzahl an verschiedener Personen im *Reichsbürger*-Milieu wieder über die keine generellen Aussagen getroffen werden können. Ein Merkmal, welches durchgehend in der Literatur als auch von den Befragten benannt wird, ist der Altersdurchschnitt, welcher bei circa 50 Jahren liegt. Die Motivationen eines Anschlusses an die *Reichsbürger* reichen von einem überzeugt sein von den ideologischen Ansichten über persönliche Probleme und finanzielle Nöte bis zur Geschäftemacherei. *Reichsbürger* nutzen soziale Medien, um ihre Ansichten zu verbreiten, miteinander zu kommunizieren und mittels eigens erstellten Videos Behördenmitarbeiter zu verunglimpfen. Ihre Schriftsätze sind größtenteils von anderen kopiert und enthalten meist pseudojuristische Argumentationen und spezifische Merkmale wie eigene Embleme oder Unterschriften mit Fingerabdrücken. Mit Hilfe von Diskussionen und langen Schriftsätzen wird versucht, die Arbeit von Behördenmitarbeitern zu behindern. Bedrohungs- und Gewaltpotential ist vorhanden, obwohl die Befragten selbst keine Erfahrungen mit solchen haben und die Mehrzahl der *Reichsbürger* nicht gewalttätig ist. Die bestehende Affinität zu Waffen und die Gewaltvorfälle unterstreichen jedoch die Tatsache, dass einige *Reichsbürger* bereit sind Waffen einzusetzen. *Reichsbürger* stellen kein neues Phänomen dar und ein allgemeiner Anstieg ist auch durch die verstärkte Ermittlungsarbeit der Behörden zu erklären. Die meisten Befragten berichten von einem ersten Kontakt um 2012. Es wurde weder von privaten noch von Kontakten mit *Reichsbürgern* berichtet, welche rechtsextreme Einstellungen aufwiesen. Die Zugehörigkeit von Mitarbeitern im öffentlichen Dienst zum *Reichsbürger*-Milieu wird durch Personenkontrollen bei bekannten Treffen der *Reichsbürger* aufgedeckt. Es laufen bereits mehrere Disziplinarverfahren.

Der empfohlene Umgang mit *Reichsbürgern* umfasst folgende Punkte: keine Diskussionen, auf Wortwahl achten, Meldung an Polizei bei bekannt werden, selbstbewusstes Auftreten und konsequentes Handeln. Weiter sollte sich normal verhalten, Treffen möglichst im Büro und sich entsprechend vorbereitet werden. Die Schriftsätze der *Reichsbürger* sollten von den Behördenmitarbeitern nur zur Kenntnis genommen und dann zurückgesendet werden. Sobald aggressives Verhalten gezeigt wird, soll sofort darauf reagiert und sofern nötig die Polizei gerufen werden.

Das Informationsangebot wurde unterschiedlich bewertet. Einige sehen die Informationen, die durch Schulungen und Handreichungen weitergegeben werden, als hilfreich an, während andere diese zu ungenau und oberflächlich finden. Weiter gibt es Befragte, welche aus Dienstbesprechungen ausreichend Hilfestellungen erhalten haben. Erfahrungen von Kollegen werden als hilfreich angesehen. Kritisch äußern sich einige bezüglich des Zeitpunktes, ab dem es vermehrt zur Informationsweitergabe kam. Es wird als unverständlich empfunden, warum die Behörden und Institutionen so lang gebraucht haben, Informationen über ein nicht neues Phänomen herauszugeben. Es hätte zumindest einen Informationsaustausch zwischen den größeren Kommunen bedurft, um eine Handlungsstrategie zu entwickeln. Erwünschte Änderungen sind zum einen ein Straftatbestand, welcher den Verwaltungsterror eingrenzt. Zum anderen mehr Vernetzung der Informationswege und -quellen, damit sich auch auf kommunaler Ebene schneller informiert werden kann.

Eingrenzend ist zu sagen, dass durch die geringe Fallzahl und der spezifischen Eingrenzungen der jeweiligen Berufsgruppen, wie der Fallzuteilung nach Alphabet bei den Richtern, eine generelle Aussage allein aus den Interviews eher schwierig zu treffen ist. Zudem weichen die Angaben der Interviewkandidaten zu bestimmten Kategorien sehr stark voneinander ab, was eine generelle Aussage erschwert. Es ist ungewiss, wie sich die *Reichsbürger* im Laufe der Zeit entwickeln werden. Potential für eine stärkere Strukturierung ist vorhanden. Ob dieses Potential letztlich genutzt wird, bleibt abzuwarten.

Es bedarf weiterer Forschung, um diese Themengebiet näher zu beleuchten und detailliertere Informationen zu erhalten. Ein Beispiel wäre eine nähere Betrachtung des Rechtsextremismusbegriffs im Kontext der *Reichsbürger* und eine intensivere Prüfung, welche Formen der *Reichsbürger*-Ideologie und der einzelnen Gruppierungen unter diesem Begriff einzuordnen sind. Auch eine Analyse der Videomaterialien, die im Internet zu finden sind, stelle einen interessanten Ansatz für weitere Forschung dar.

Literaturverzeichnis

Amadeu Antonio Stiftung (Hrsg.) (2014): „Wir sind wieder da". Die „Reichsbürger": Überzeugungen, Gefahren und Handlungsstrategien. URL: http://www.amadeu-antonio-stiftung.de/w/files/pdfs/reichsbuerger_web.pdf. Abruf am 06.01.2017.

Backes, Uwe; Jesse, Eckhard (1993): Politischer Extremismus in der Bundesrepublik Deutschland. Berlin: Popyläen.

Bayerische Informationsstelle gegen Extremismus (BIGE) (2017): Reichsbürger und Selbstverwalter. URL: https://www.bayern-gegen-rechtsextremismus.bayern.de/wissen/parteien-und-szenen/reichsbuerger-und-Selbstverwalter-1/reichsbuerger-und-Selbstverwalter. Abruf am 13.12.2017.

Bayerische Informationsstelle gegen Extremismus (BIGE) (o. A.): Was tun, wenn Sie ein Schreiben einer sogenannten "Kommissarischen Reichsregierung", "Exilregierung" oder ähnlichen Organisationen erhalten? URL: https://www.bayern-gegen-rechtsextremismus.bayern.de/wissen/erste-hilfe/was-tun-wenn/...-sie-ein-schreiben-einer-sogenannten-kommissarischen-reichsregierung-exilregierung-oder-aehnlichen-organisationen-erhalten. Abruf am 13.12.2017.

Bayerischer Jugendring K.d.ö.R. (BJR) (2014): Neonazismus in Niederbayern. Augsburg: o. A.

Bayerisches Landesamt für Verfassungsschutz (o. A.): Reichsbürger und Selbstverwalter: Harmlose Spinner oder gefährliche Extremisten? Informationen zu Reichsbürgern und Selbstverwaltern. München: o.A.

Bayerisches Staatsministerium des Innern und für Integration (Hrsg.) (StMI) (2018): Reichsbürger und Selbstverwalter. In: Verfassungsschutzbericht Bayern 2017. München: o. A., S. 170-185.

Bayerisches Staatsministerium des Innern, für Bau und Verkehr (STMI) (2017a): Reichsbürger und Selbstverwalter. In: Verfassungsschutzbericht Bayern 2016. München: o. A., S. 180-189.

Bayerisches Staatsministerium des Innern, für Bau und Verkehr (STMI) (2017b): Verfassungsschutzinformationen Bayern. 1. Halbjahr 2017. URL: http://www.stmi.bayern.de/assets/stmi/sus/verfassungsschutz/textbl%C3%A4tter_halbjahresinformation.pdf. Abruf am 22.09.2017.

Bogner, Alexander; Littig, Beate; Menz, Wolfgang (Hrsg.) (2005): Das Experteninterview. Theorie, Methode, Anwendung. 2. Auflage. Wiesbaden: vs-Verlag.

Bundesamt für Verfassungsschutz (2018): Aktuelle Zahlen der „Reichsbürger und Selbstverwalter". URL.: https://www.verfassungsschutz.de/de/aktuelles/zur-sache/zs-2018-001-o-ton-maassen-reichsbuerger-Selbstverwalter. Abruf am 27.02.2018.

Bundesamt für Verfassungsschutz (2017a): Erscheinungsformen von „Reichsbürgern" und „Selbstverwaltern". URL.: https://www.verfassungsschutz.de/de/arbeitsfelder/af-reichsbuerger-und-Selbstverwalter/zahlen-und-fakten-reichsbuerger-und-Selbstverwalter/reichsbuerger-und-Selbstverwalter-erscheinungsformen-2017. Abruf am 27.02.2018.

Bundesamt für Verfassungsschutz (2017b): Personenpotenzial von „Reichsbürgern" und „Selbstverwaltern". URL.: https://www.verfassungsschutz.de/de/arbeitsfelder/af-reichsbuerger-und-Selbstverwalter/zahlen-und-fakten-reichsbuerger-und-Selbstverwalter/reichsbuerger-und-Selbstverwalter-personenpotenzial-2017. Abruf am 27.02.2018.

Bluth, Johannes (2017): Tagungsbericht „Turnschuh. Scheitel. Aluhut. Rechtsextremismus anno 2017". URL: http://www.bpb.de/veranstaltungen/dokumentation/246670/tagungsbericht. Abruf am 07.05.2017.

Bundesverwaltungsamt (BVA) (o. A., a): Nationales Waffenregister (NWR). URL: http://www.bva.bund.de/DE/Themen/Sicherheit/Nationales Waffenregister/nationaleswaffenregister-node.html. Abruf am 03.05.2018.

Bundesverwaltungsamt (BVA) (o. A., b): Informationen für abfrageberechtigte Behörden. URL: http://www.bva.bund.de/DE/Organisation/Abteilungen/Abteilung_S/NWR/Abfragebehoerden/AbfrageB_node.html. Abruf am 03.05.2018.

Caspar, Christa; Neubauer, Reinhard: Durchs wilde Absurdistan (2015): Was zu tun ist, wenn „Reichsbürger" und öffentliche Verwaltung aufeinandertreffen. In: Wilking, Dirk (Hrsg.): „Reichsbürger". Ein Handbuch. 2. Aufl. Potsdam: Demos – Brandenburgisches Institut für Gemeinwesenberatung in Trägerschaft von „Demokratie und Integration Brandenburg e.V.", S. 93-171.

Deutscher Bundestag (BT) (2018): Antwort der Bundesregierung auf die Kleine Anfrage der Fraktion BÜNDNIS 90/DIE GRÜNEN – Drucksache 19/268. URL: http://dip21.bundestag.de/dip21/btd/19/005/1900539.pdf. Abruf am 04.05.2018.

Dierbach, Stefan (2016): Befunde und aktuelle Kontroversen im Problembereich der Kriminalität und Gewalt von rechts. In: Virchow, Fabian; Langebach, Martin; Häusler, Alexander (Hrsg.): Handbuch Rechtsextremismus. Edition Rechtsextremismus. Wiesbaden: Springer VS, S. 471-510.

Dpa (2018): Razzien gegen „Reichsbürger" in mehreren Städten. Großeinsatz der Polizei. URL: http://www.spiegel.de/panorama/justiz/reichsbuerger-razzia-polizei-durchsucht-wohnungen-in-mehreren-bundeslaendern-a-1201817.html. Abruf am 09.04.2018.

Dpa (2017): „Reichsbürger"-Prozess. „König von Deutschland" zu Haftstrafe verurteilt. URL: http://www.spiegel.de/panorama/justiz/peter-fitzek-koenig-von-deutschland-zu-haftstrafe-verurteilt-a-1138903.html. Abruf am 27.02.2018.

Dpa (2016): Polizist nach Schießerei mit „Reichsbürger" gestorben. Georgensgmünd. URL: http://www.zeit.de/gesellschaft/zeitgeschehen/2016-10/georgensgmuend-reichsbuerger-polizist-schuesse. Abruf am 06.03.2018.

Flick, Uwe (2012): Qualitative Sozialforschung. Eine Einführung. 5. Auflage. Reinbek: rowohlt.

Frigelj, Kristian (2015): Was die Reichsbürger wirklich glauben. URL: https://www.welt.de/politik/deutschland/article140955301/Was-die-Reichsbuerger-wirklich-glauben.html. Abruf am 06.01.2017.

Helfferich, Cornelia (2011): Die Qualität qualitativer Daten. Manual für die Durchführung qualitativer Interviews. Lehrbuch. 4. Auflage. Wiesbaden: vs-Verlag.

Holdenried, Ramona (2016): Karlsruher Behörden schlagen Alarm: „Reichsbürger sind ein Problem!". URL: http://www.ka-news.de/region/karlsruhe/Karlsruhe~/Karlsruher-Behoerden-schlagen-Alarm-Reichsbuerger-sind-ein-Problem;art6066,1968221. Abruf am 18.01.2017.

Hüllen, Michael; Homburg, Heiko; Krüger, Yasemin Desiree (2015): „Reichsbürger" zwischen zielgerichtetem Rechtsextremismus und Staatsverdrossenheit. In: Wilking, Dirk (Hrsg.): „Reichsbürger". Ein Handbuch. 2. Aufl. Potsdam: Demos – Brandenburgisches Institut für Gemeinwesenberatung in Trägerschaft von „Demokratie und Integration Brandenburg e.V.", S. 13-37.

Keil, Jan-Gerrit (2015): Zwischen Wahn und Rollenspiel – das Phänomen der „Reichsbürger" aus psychologischer Sicht. In: Wilking, Dirk (Hrsg.): „Reichsbürger". Ein Handbuch. 2. Aufl. Potsdam: Demos – Brandenburgisches Institut für Gemeinwesenberatung in Trägerschaft von „Demokratie und Integration Brandenburg e.V.", S. 39-90.

Köppe, Julia (2018): Berliner Lehrer verbreitet rechte Verschwörungstheorien. Vom Dienst suspendiert. URL: http://www.spiegel.de/lebenundlernen/schule/berlin-grundschullehrer-wegen-rechter-verschwoerungstheorien-freigestellt-a-1186756.html. Abruf am 09.01.2018.

Krämer, Jörg (2008): Gesamtstaatliche Aspekte der Rittersturzkonferenz 1948. Ausarbeitung. Wissenschaftliche Dienste des Deutschen Bundestages. URL: https://www.bundestag.de/blob/495216/67a6fead005c57302a1c6a585d4f250d/gesamtstaatliche-aspekte-der-rittersturzkonferenz-1948-data.pdf. Abruf am 15.01.2018.

Mayring, Philipp (2015): Qualitative Inhaltsanalyse. Grundlagen und Techniken. 12. überarb. Auflage. Weinheim: Beltz.

Ministerium für Inneres und Sport des Landes Sachsen-Anhalt (MISSA) (2015): Reichsbürger. Sonderlinge oder Teil der rechtsextremen Bewegung? Tagungsband zur Fachtagung am 8. Oktober 2014. Fachhochschule Polizei Sachsen-Anhalt. Magdeburg: o. A.

Müller, Dieter; Meltzer, Steffen (2017): Der polizeiliche Umgang mit „Reichsbürgern" – Einsatzhinweise für Kolleginnen und Kollegen. In: Gewerkschaft der Polizei (Hrsg.): Deutsche Polizei. Zum Umgang mit „Reichsbürgern". Hilden: Deutsche Polizeiliteratur GmbH, S. 5-9.

Müller, Dieter; Rebler, Adolf (2017): Die Reichsbürger und das Verkehrsrecht. In: pvt. Fachzeitschrift für Polizei- und Verkehrsmanagement, Technik und Ausstattung. Polizeiliche Informationssysteme. 03/2017. Falkenstein/Harz: EMW GmbH, S. 25-28.

Nau, Keven; Pfaff, Rocco (o.A.): Reichsbürger und kein Ende... Information Kompakt. URL: https://www.gdp.de/gdp/gdplsa.nsf/id/DE_Reichsbuerger. Abruf am 04.12.2017.

Nihilistible (2014): „Reichsbürger" stellen sich vor. Zdf info. [YouTube – Video]. Veröffentlicht am 01.07.2014. URL: https://www.youtube.com/watch?v=r1mTYv7HPTs. Abruf am 18.04.2017.

Pany, Thomas (2017): BKA: „Selbstverwalter" noch gefährlicher als „Reichsbürger". URL: https://www.heise.de/tp/features/BKA-Selbstverwalter-noch-gefaehrlicher-als-Reichsbuerger-3780913.html. Abruf am 27.02.2018.

PKS Bundeskriminalamt (2016): Standard Übersicht Tatverdächtigentabellen. Deutsche Tatverdächtige nach Alter und Geschlecht. URL: https://www.bka.de/DE/AktuelleInformationen/StatistikenLagebilder/PolizeilicheKriminalstatistik/PKS2016/Standardtabellen/standardtabellenTatverdaechtige.html?nn=65720. Abruf am 22.02.2018.

Polizeiliche Kriminalprävention der Länder und des Bundes (ProPK) (o.A.): Rechtsextremismus. URL: http://www.polizei-beratung.de/themen-und-tipps/rechtsextremismus/. Abruf am 02.02.2018.

Prinz, Daniel (2014): Wenn das die Deutschen wüssten ... dann hätten wir morgen eine Revolution. 4. Auflage. Fichtenau: Amadeus.

Rademacher, Stefan (2009): Esoterik. In: Grözinger, Karl (Hrsg.): Religionen und Weltanschauungen. Werte, Normen, Fragen in Judentum, Christentum, Islam, Hinduismus/Buddhismus, Esoterik und Atheismus. In Zusammenarbeit mit Christian Lange. Band 5. BWV: Berlin.

Rathje, Jan (2015): Zwischen Verschwörungsmythen, Esoterik und Holocaust-leugnung – die Reichsideologie. URL: http://www.bpb.de/politik/extremismus/rechtsextremismus/210330/zwischen-verschwoerungsmythen-esoterik-und-holocaustleugnung-die-reichsideologie. Abruf am 06.01.2017.

Schäfer, Raphael (2016): Die „Reichsbürgerbewegung". Harmlose Wirre oder kriminelle Rechtsextremisten? In: Stock, Jürgen u.a.: Kriminalistik. Unabhängige Zeitschrift für die kriminalistische Wissenschaft und Praxis. Ausgabe 3. Heidelberg: C.F. Müller GmbH, S. 203-208.

Schattauer, Göran (2018): Verfassungsschutz: Reichsbürger planen offenbar Armee und bereiten sich auf „Tag X" vor. Zahl auf 15.600 gestiegen. URL: https://www.focus.de/politik/deutschland/zahl-auf-15-600-gestiegen-verfassungsschutz-reichsbuerger-planen-offenbar-armee-und-bereiten-sich-auf-tag-x-vor_id_8287726.html. Abruf am 12.01.2018.

Schulze, Alexander (2015): Die „Reichsbürger"-Bewegung in Sachsen. In: Wilking, Dirk (Hrsg.): „Reichsbürger". Ein Handbuch. 2. Aufl. Potsdam: Demos – Brandenburgisches Institut für Gemeinwesenberatung in Trägerschaft von „Demokratie und Integration Brandenburg e.V.", S. 197-200.

Schumacher, Gerhard (2016): Vorwärts in die Vergangenheit. Durchblick durch einige „reichsideologische" Nebelwände. Hannover: jmb-Verlag.

Shuttleworth, Martyn (2008): Asch Experiment. URL: https://explorable.com/asch-experiment. Abruf am 01.03.2018.

Springer Gabler Verlag (Hrsg.) (o.A.): Gabler Wirtschaftslexikon. Stichwort: öffentlicher Dienst. URL: http://wirtschaftslexikon.gabler.de/Archiv/2162/oeffentlicher-dienst-v10.html. Abruf am 29.09.2017.

Suhr, Steffi (2018): Ungeheuerlich, was auf diesem Zettel steht! Nun droht einem "Reichsbürger" der Knast. An der Netto-Kasse hat er nicht die volle Summe gezahlt: Harte Strafe vom Amtsgericht Dresden. URL: https://www.tag24.de/nachrichten/dresden-kurzer-prozess-reichsbuerger-muss-zahlen-oder-sitzen-amstgericht-mehrwertsteuer-netto-555052. Abruf am 03.05.2018.

Virchow, Fabian (2016): ‚Rechtsextremismus': Begriffe – Forschungsfolder – Kontroversen. In: Virchow, Fabian; Langebach, Martin; Häusler, Alexander (Hrsg.): Handbuch Rechtsextremismus. Edition Rechtsextremismus. Wiesbaden: Springer VS, S. 5-41.

Walinda, Irena; Schulze, Kristian (2016): Die „Reichsbürger"-Thesen im Faktencheck. URL: http://www.mdr.de/exakt/wasistdiewahrheit-100.html. Abruf am 07.05.2017.

Wilking, Dirk (Hrsg.) (2015): „Reichsbürger". Ein Handbuch. 2. Aufl. Potsdam: Demos – Brandenburgisches Institut für Gemeinwesenberatung in Trägerschaft von „Demokratie und Integration Brandenburg e.V.".

Wilking, Dirk (2015a): Die Anschlussfähigkeit der „Reichsbürger" im ländlichen Raum aus der Sicht es Mobilen Beratungsteams im Brandenburgischen Institut für Gemeinwesenberatung. In: Wilking, Dirk (Hrsg.): „Reichsbürger". Ein Handbuch. 2. Aufl. Potsdam: Demos – Brandenburgisches Institut für Gemeinwesenberatung in Trägerschaft von „Demokratie und Integration Brandenburg e.V.", S. 175-195.

Zick, Andreas; Küpper, Beate (2016): Rechtsextreme und menschenfeindliche Einstellungen. In: Virchow, Fabian; Langebach, Martin; Häusler, Alexander (Hrsg.): Handbuch Rechtsextremismus. Edition Rechtsextremismus. Wiesbaden: Springer VS, S. 83-114.

Zuber, Annerose (2017): Reichsbürger & Co. Probleme für Behörden und Justiz. URL: http://www.br.de/nachrichten/umgang-mit-reichsbuergern-100.html. Abruf am 18.01.2017.

Anhang

Anhang A

Anschreiben

Interviewanfrage für meine Masterarbeit zum Thema *Reichsbürger*

Sehr geehrte Damen und Herren,

im Rahmen meiner Masterarbeit im Studiengang Kriminologie und Gewaltforschung an der Universität Regensburg setze ich mich mit der Thematik der *Reichsbürger* und *Selbstverwalter* auseinander. Vor allem werden die Kontakte zwischen *Reichsbürgern* und Mitarbeitern im öffentlichen Dienst und die damit verbundenen Schwierigkeiten Teil meiner Arbeit sein.

Neben der Recherche einschlägiger Fachliteratur sollen vor allem Experteninterviews zu der Masterarbeit beitragen. Gegenstand des Interviews sollen die Kontakte von Mitarbeitern des öffentlichen Dienstes mit Personen des *Reichsbürger*-Milieus und mögliche problembehaftete Situationen sein. Im Fokus stehen Amts-/Verwaltungsgerichte, Bürgerzentren, Rathäuser, Polizei und der Gerichtsvollzug. Aber auch andere Institutionen, welche im Kontakt zu *Reichsbürgern* stehen, sind von Interesse. Geplant sind aus diesen Kategorien Interviewpartner zu finden, um einen Überblick über die derzeitige Situation zu erhalten und die Erfahrungswerte in diesem Themenbereich zu erfassen.

Zunächst sollen allgemeine Informationen gesammelt werden, beispielsweise wie Begegnungen mit *Reichsbürgern* ablaufen, welche Erfahrungen im Umgang gemacht wurden etc. Dann folgen einige Fragen zum Thema konfliktbehaftete Situationen. Hier werden auch Entwicklungen der letzten Jahre erfragt und ob sich Probleme an der Arbeit auch ins persönliche Umfeld hineinziehen. Im Anschluss daran geht es um Schulungen, Weiterbildungen oder Handreichungen des Arbeitgebers und in welchem Maße diese hilfreich und sinnvoll sind. Zum Ende wird noch kurz das Thema Rechtsextremismus angeschnitten und in Bezug zu *Reichsbürgern* gesetzt.

Das Interview wird voraussichtlich eine Länge von ca. 45 Minuten haben, wobei dies auch ganz von dem Beitrag des Interviewten abhängt. Ihre personenbezogenen Daten werden natürlich anonymisiert und Sie erhalten eine Datenschutzerklärung. Somit werden in der finalen Arbeit keine Rückschlüsse auf Ihre Person möglich sein.

Ich würde mich sehr freuen, wenn auch Sie Ihre Erfahrungen mit mir teilen oder mich an Mitarbeiter vermitteln, welche über entsprechende Erfahrungen verfügen. Bei Interesse und weiteren Fragen bitte ich Sie sich an die oben genannte E-Mail-Adresse zu wenden.

Mit freundlichen Grüßen

Katharina Herwig

Anhang B

Leitfaden

	Leitfrage (Erzählaufforderung)	Checkliste, ob alles erwähnt wurde	Konkrete Nachfragen	Steuerungsfragen
Teil I **Einleitungsfragen allgemein zum Thema**				
Frage 1	Welche Schlagworte fallen Ihnen zum Thema Reichsbürger ein?	a) Begrifflichkeiten b) Erfahrungen (persönlich/andere)	Und wie sieht es mit dem Wort Selbstverwaltern aus?	Fällt Ihnen noch etwas dazu ein?
Frage 2	Was denken Sie vor einem Gespräch mit einem *Reichsbürger*/wenn Sie herausfinden, dass es einer ist?	a) Emotional (positive/negative Gefühle) b) Gedankliche Vorbereitungen für das inhaltliche Gespräch c) Verhalten, Artikulation *Reichsbürger* d) Alter, Geschlecht, ...	Faktoren, die für *Reichsbürger*-Milieu sprechen Unterschiede bei allen oder nur vereinzelt?	Dachten Sie schon mal etwas wie: "Ach nö nicht schon wieder so ein Blödmann"?
Frage 3	Lassen sich *Reichsbürger* einer politischen Richtung zuordnen?	a) links/rechts b) persönliche Einschätzung	Woran machen Sie Ihre Entscheidung fest? Sind noch andere Ausrichtungen möglich?	Fällt Ihnen noch etwas dazu ein?
Frage 4	Würden Sie sagen *Reichsbürger* sind ein neues Phänomen?	a) Arbeitsaufwand b) Vergleichbare Gruppen	In welchem Umfang beschäftigen Sie sich mit den Belangen von *Reichsbürgern*? Gibt es eine andere Personengruppe, die vergleichbar Ihre Aufmerksamkeit auf sich zieht?	Können Sie das bitte noch etwas ausführlicher beschreiben? Können Sie mir konkrete Beispiele dafür nennen? Fällt Ihnen noch etwas dazu ein?

	Leitfrage (Erzählaufforderung)	Checkliste, ob alles erwähnt wurde	Konkrete Nachfragen	Steuerungsfragen
Frage 5	Können Sie sich noch daran erinnern, wann Sie das erste Mal etwas mit *Reichsbürgern* zu tun hatten?	a) Zeitpunkt erster Kontakt & Häufigkeit b) Gegenstand des Kontakts c) Persönliches Empfinden d) Maßnahmen vor Kontakt	Können Sie mir die Situation schildern?	Können Sie das bitte noch etwas ausführlicher beschreiben? Wie haben Sie sich gefühlt? Fällt Ihnen noch etwas dazu ein?
	Teil II **Konflikte**			
Frage 6	Gibt es Konflikte oder Probleme mit *Reichsbürgern* und wenn ja, wie genau läuft eine Konfrontation ab?	a) Art der Konflikte/Probleme b) Probleme in bestimmten Tätigkeitsfeldern c) Reaktion/Maßnahmen d) Geschlechterverhältnis e) Auswirkungen	Gewaltandrohungen gegen Sie oder Kollegen? Was genau ist problematisch? Gibt es in bestimmten Bereichen Schwierigkeiten oder ist das variabel? Wie sieht das Geschlechterverhältnis in schwierigen Situationen aus?	Können Sie das bitte noch etwas ausführlicher beschreiben? Können Sie mir konkrete Beispiele dafür nennen? Fällt Ihnen noch etwas dazu ein?
Frage 7	Hatten Sie bereits privat Kontakt oder eine Begegnung mit *Reichsbürgern*?	a) Art des Kontaktes b) Sicherheitsmaßnahmen c) wiederkehrende Personen	Mussten schon weitere Sicherheitsmaßnahmen ergriffen werden? Gibt es bestimmte Personen, die seit geraumer Zeit immer wieder in den Fokus d. Behörde/von Ihnen	Wie ist der private Kontakt abgelaufen und wie haben Sie darauf reagiert? Können Sie mir noch mehr über die Sicherheitsmaßnahmen erzählen? Fällt Ihnen noch etwas dazu ein?

	Leitfrage (Erzählaufforderung)	Checkliste, ob alles erwähnt wurde	Konkrete Nachfragen	Steuerungsfragen
			geraten?	
Frage 8	Hat sich die Situation in Bezug auf die Kontakte mit *Reichsbürgern* seit den letzten Jahren/Ihrer Anstellung im öffentlichen Dienst verändert? Und wenn ja, inwiefern?	a) Veränderungen/Entwicklungen b) emotionale Lage im Umgang c) Zustand bei Kollegen	Sind die Kontakte problematischer geworden/hat sich etwas verändert? Haben Sie Bedenken/Angst im Umgang mit *Reichsbürgern*? Wie sieht es mit Ihren Kollegen aus bzgl. Problemen?	Wie genau sehen die Veränderungen aus? Empfinden Sie noch etwas anderes, wenn Sie sich mit *Reichsbürgern* auseinandersetzen? Haben Sie ein konkretes Beispiel Ihre Kollegen betreffend? Können Sie das bitte noch etwas ausführlicher beschreiben? Können Sie mir konkrete Beispiele dafür nennen? Fällt Ihnen noch etwas dazu ein?

Teil III

Schulungen/Handreichungen

	Leitfrage (Erzählaufforderung)	Checkliste, ob alles erwähnt wurde	Konkrete Nachfragen	Steuerungsfragen
Frage 9	Seit ein paar Jahren gibt es Schulungen für den Umgang mit *Reichsbürgern*. Sind seither Veränderungen zu verzeichnen?	a) Veränderungen/Entwicklungen b) Gehalt von Präventivmaßnahmen c) Eigene Meinung d) Alternativen	Haben Sie Schulungen besucht? Sind Handreichungen Ihrer Meinung nach sinnvoll?	Welche Schulung haben Sie konkret besucht? Worin sehen Sie die Vor- und Nachteile von Handreichungen? Fällt Ihnen noch etwas dazu ein?
Frage 10	Haben Sie Vorschläge wie die Situation mit Reichsbürgern in Ihrer beruflichen Tätigkeit verbes-	a) Verbesserungsvorschläge b) Haltung zu Notfallknöpfen c) Sicherheitsvorrichtungen am Ar-	Notfallknöpfe am Computer hilfreich? Haben Sie ähnliche Vorrichtungen	Können Sie mir noch mehr über die Sicherheitsmaßnahmen erzählen? Fällt Ihnen noch

	Leitfrage (Erzählaufforderung)	Checkliste, ob alles erwähnt wurde	Konkrete Nachfragen	Steuerungsfragen
	sert werden kann?	beitsplatz	an Ihrem Arbeitsplatz?	etwas dazu ein?
Teil IV **Rechtsextreme Tendenzen**				
Frage 11	Was sagen Sie zu der Aussage: "Alle Reichsbürger sind rechts."?	a) Stellungnahme b) Kontakte mit rechter Szene c) Merkmale d. Rechtsradikalismus	Hatten Sie bereits Kontakt mit Reichsbürgern, welche Sie der rechten Szene zugeordnet haben? Woran machen Sie aus, dass eine Person rechtsradikale Ansichten vertritt? Treten noch andere extremere Einstellungen zu Tage?	Wie genau sah der Kontakt zu rechtsradikalen Reichsbürgern aus? Welche weiteren Merkmale fallen bei Ihnen unter rechts? Können Sie das bitte noch etwas ausführlicher beschreiben? Können Sie mir konkrete Beispiele dafür nennen? Fällt Ihnen noch etwas dazu ein?

Anhang C

Interviewprotokollbogen

Datum: _______________   Dauer: _______________

Ort/Räumlichkeit: _______________________________

Bezeichnung (B1, B2, …): _____________________

Befragter:

Alter: _______________________________

Beruf: _______________________________

Behörde: _______________________________

Dauer der Beschäftigungszeit im öffentlichen Dienst: _______________________

Zusätzliche Informationen: ____

____

Interviewatmosphäre: ____

____

Schwierige Passagen während Interview:

____

____